Unsere Friedensziele

Von

D. Dr. Otto von Gierke
Geh. Justizrat, o. ö. Professor der Rechte an der Universität Berlin

Berlin
Verlag von Julius Springer
1917

ISBN-13: 978-3-642-98647-5 e-ISBN-13: 978-3-642-99462-3
DOI: 10.1007/978-3-642-99462-3

I.

Die Erörterung unserer „Kriegsziele" schien nach der höhnischen Zurückweisung unseres Friedensangebotes durch unsere Feinde in den ruhigen Bahnen realpolitischer Erwägungen verlaufen zu sollen. Die Macht der Tatsachen, die sich im Gange der die Völker mit unwiderstehlicher Gewalt vorwärtstreibenden Ereignisse offenbarte, schien sich als stärker zu erweisen, als die voreiligen Festlegungen des Zukunftsbildes. Manche hochfliegenden Pläne und heißblütigen Wünsche wurden durch nüchterne Einschätzung der realen Möglichkeiten zurückgedrängt. Aber auch die bedenklichen Schwächeanwandlungen, die Jahre hindurch so viele vaterländisch denkende Männer mit ernster Sorge erfüllten, schienen für immer überwunden zu sein. Bei allen Meinungsverschiedenheiten über das, was uns, falls es auf Grund unserer Waffenerfolge erreichbar ist, der „siegreiche", der „deutsche" Friede bringen soll, schien unser Volk im Ganzen über die Zielsetzung einig geworden zu sein.

Ich glaube, daß das deutsche Volk in seiner ungeheuren Mehrheit auch heute einig ist. Allein, wenn es bis vor kurzem den Anschein hatte, als wenn nur die seit der Parteispaltung zur Ohnmacht verdammte sozialdemokratische Minderheit durch die Aufrechthaltung des Programmes der vaterlandslosen proletarischen Internationale die äußere Einmütigkeit ernstlich stören würde, so droht ihr eine furchtbare Gefahr, seitdem auch der Parteiausschuß der vaterlandstreuen Sozialdemokratie unter Zustimmung österreichischer und ungarischer Sozialdemokraten einstimmig einen Beschluß gefaßt hat, der in Ansehung der Kriegsziele sich in nichts von den doktrinären Forderungen der vaterlandslosen Internationale unterscheidet. Denn was verlangt man im Tone gebieterischer Anmaßung? Sofortigen Friedensschluß „ohne Annexionen und Kriegsentschädigungen", Verzicht auf jede „Eroberungspolitik", freie Selbstbestimmung aller Völker, Beitritt aller zu einer „überstaatlichen Organisation" und „Anerkennung einer obligatorischen Schiedsgerichtsbarkeit" behufs Sicherung des dauernden Bestandes des künftigen Weltfriedens! Also wiederum anstatt des „siegreichen" Friedens einen Frieden ohne Sieger und Besiegte, statt des „deutschen" Friedens einen Weltfrieden, der uns rettungslos der künftigen Vergewaltigung durch die Überzahl der uns mißgünstig gesonnenen Mächte preisgibt! Mit diesem Standpunkt gibt es für deutsche Männer kein Paktieren. Wer dem deutschen Volke nicht klägliche Selbstentmannung zumutet, muß ihn entrüstet zurückweisen!

Die Hoffnung, daß auch die Reichsleitung sich dieser Provokation gegenüber entschließen werde, Herrn Scheidemann und seiner Gefolgschaft eine offene Absage zu erteilen, hat sich bisher nicht erfüllt. Eine offiziöse Erklärung bezweifelt zwar die Opportunität der sozialdemokratischen Bescheidenheit gegenüber den nach wie vor von den Westmächten erhobenen maßlosen Ansprüchen, vermeidet aber die entschiedene und vorbehaltlose sachliche Zurückweisung des schwächlichen Friedensprogrammes. Sie scheut noch immer zurück vor dem unheilbaren Bruch mit der bisher dem Reichskanzler so willfährigen Partei, sie will die Einigkeit des deutschen Volkes in seinem Siegeswillen nicht stören und ermahnt die Parteien, aus deren Mitte alsbald empörter Widerspruch laut geworden ist, zur Schonung der bedrohten Einheit. Allein durch die Schuld des sozialdemokratischen Parteivorstandes, der nicht zum ersten Male, noch niemals aber in so unerhört herausfordernder Weise den Burgfrieden gebrochen hat, ist nun einmal die Einheit zerrissen und der innere Kampf unvermeidlich geworden. Schließlich wird auch die Regierung nicht umhin können, gegen die mit ihren eigenen bisherigen Erklärungen unvereinbaren Friedensforderungen der Sozialdemokratie entschlossen Stellung zu nehmen und, wenn es sein muß, in den

Kampf gegen sie einzutreten. Tut sie es, so kann sie mit Sicherheit darauf zählen, daß nicht nur der beste, sondern auch der weitaus größte Teil des deutschen Volkes ihr zur Seite steht. Es ist undenkbar, daß auch nur bei den eigenen Parteigenossen der Beschluß des Parteivorstandes, sobald sie sich dessen verderbliche Konsequenzen zum Bewußtsein bringen, ungeteilten Beifall findet. Am wenigsten aber wird es der Parteileitung gelingen, die Seele der deutschen Arbeiterschaft für ihr Friedensprogramm zu gewinnen. Die Arbeiter, die mit unübertroffenem Heldenmut für das Vaterland kämpfen oder gekämpft haben, werden in ihrer Gesamtheit niemals in einen freiwilligen Verzicht auf die Früchte ihres Sieges einwilligen. Daß aber, wenn die Forderungen Scheidemanns verwirklicht würden, alles kostbare deutsche Blut umsonst vergossen, alle Tränen von Eltern, Witwen und Kindern umsonst geflossen, alle Mühen und Entbehrungen umsonst getragen wären, daß ein Friede ohne Sicherung deutscher Weltmachtstellung und ohne Kriegsentschädigung vor allem für die Arbeiterklasse selbst Niedergang und Verelendung zur Folge haben würde, — das klar zu erkennen, sind unsere Arbeiter hell genug. Es kommt nur darauf an, ihre Augen für den freien Blick in die Wirklichkeit zu öffnen und das Blendwerk zu zerstören, das ihnen der aus dem überlebten Parteidogma neu hervorgeholte Phrasenschwall vortäuscht. Solange jedoch die Reichsleitung sich dem provozierenden Beschluß gegenüber passiv verhält oder gar ihn als beachtenswerten Beitrag zur Lösung der Friedensfrage behandelt, muß sie gewärtig sein, daß der Widerspruch des deutschen Volkes in seiner überwiegenden Mehrheit sich von neuem gegen sie selbst kehrt. Denn zu einem so kecken Versuch der Verkümmerung unseres Siegespreises zu schweigen, verbietet die vaterländische Pflicht.

II.

Aus den maßlos überheblichen und in ihrer Tonart impertinenten amtlichen Antworten unserer Feinde auf das gegen Ende des Jahres 1916 von uns und unseren Verbündeten ergangene ernste Friedensangebot haben wir erfahren, woran wir sind. Wir wurden jeden Zweifels daran überhoben, daß der Kriegswille Englands und seiner von ihm mit zäher Energie zusammengehaltenen weltumspannenden Gefolgschaft aufs Ganze geht. Man sagte uns feierlich den Vernichtungskampf an. Nicht eher will man die Waffen niederlegen, bevor man uns einen Frieden aufgezwungen hat, der uns für absehbare Zeit zu staatlicher Ohnmacht und wirtschaftlicher Verarmung verdammt. Kann man unser Volkstum nicht ausrotten, wie dies für das Wohl der Menschheit das beste wäre, so will man es doch in die Lage zurückschleudern, in der es sich zu Nutz und Frommen der übrigen Welt vor der Reichsgründung befand.

Diese Erkenntnis wirkte wie ein reinigendes Gewitter. Wir fanden mit einer Einmütigkeit, die an den herrlichen Aufschwung der ersten Augusttage des Jahres 1914 erinnerte, unsere Entschlußkraft wieder. Wieder weckte der Aufruf unseres Kaisers an Heer und Volk in allen Seelen ein begeistertes Echo. Wir machten uns bereit zum Kampfe auf Leben und Tod, und stahlhart wurden unsere Herzen. Von den obersten Hütern des Gemeinwesens bis zum letzten Manne und zur letzten Frau durchdrang unser Volk der unerschütterliche Wille, die gesamte nationale Kraft mit rücksichtsloser Energie für den Endkampf einzusetzen. Wir bebten nicht zurück vor den uns auferlegten neuen furchtbaren Opfern an Gut und Blut, wir nahmen willig die notwendigen Beschränkungen und Entbehrungen auf uns, wir brachten ohne Zögern auch hohe Gegenwartswerte zum Opfer, wo dies erforderlich schien, um zuvörderst einmal die Keimkraft unserer vaterländischen Zukunft zu retten. In äußerster Anspannung des Gemeinschaftsgedankens erstrafften wir mit der Einführung der Zivildienstpflicht und mit gesteigerter wirtschaftlicher Konzentration unsere innere Organisation. Dem Feinde aber antworteten wir mit verschärfter Kriegführung. Seit dem 1. Februar eröffneten wir endlich den uneingeschränkten Tauchbootkrieg als das allein wirksame Mittel zur Überwindung der englischen Seetyrannei und zur Niederringung des hochmütigen

Inselvolkes. An allen Fronten führten wir unter der genialen Leitung unseres Hindenburg den Landkrieg in planvoller Einheitlichkeit mit unverminderter Gewalt gegen erdrückende Übermacht fort. Überall blicken wir auf herrliche Erfolge zurück und sehen in ungebrochener Zuversicht dem Tage entgegen, an dem unser Siegeswille sich in endgültige Siegestat umsetzen wird.

Zugleich aber mußte die Enthüllung der unversöhnlichen Denkweise unserer Feinde in unserem Volke die Erkenntnis der zur Sicherung unserer Zukunft unerläßlichen Friedensbedingungen, die wir als Siegespreis zu erringen haben, verallgemeinern und den Willensentschluß stählen, sie, so viel an uns liegt, rücksichtslos durchzusetzen. Wir verteidigen unser Dasein. Aber wir sind belehrt worden, daß zu unserer Daseinsbehauptung die Wiederherstellung des früheren Zustandes nicht genügt. Wir wollen nicht in eine Lage zurückversetzt sein, die es ermöglicht hat, daß eine feindliche Weltverschwörung uns mit der Gefahr der Vernichtung unseres Daseins bedroht. Vielmehr wollen wir eine Weltlage schaffen, die uns für absehbare Zeit vor der Wiederholung solcher Erdrosselungsversuche sichert. Dazu aber bedürfen wir der realen Erweiterung unserer politischen und wirtschaftlichen Macht! Machterweiterung im Osten und im Westen, in Europa und über See muß uns der Friede bringen, wenn anders er in Wahrheit für uns Daseinsbehauptung bedeuten soll! Machterweiterung durch engeren Zusammenschluß mit unseren Verbündeten, aber auch Machterweiterung durch Gewinnung besser geschützter Grenzen und darüber hinaus durch Festhaltung einer wirksamen Obergewalt in den eroberten Feindesgebieten, durch Erringung ebenbürtiger Seegewalt auf den von englischer Tyrannei befreiten Meeren und damit zugleich der uneingeschränkten Teilnahme am Welthandel, durch Vergrößerung unseres überseeischen Kolonialbesitzes und Erwerb von Stützpunkten für die Sicherung seiner Verbindung mit der Heimat! Auch denken wir nicht daran, auf eine Entschädigung für die von uns gebrachten ungeheuren finanziellen Opfer zu verzichten, und nehmen im Osten die Abtretung von reichlichem Siedlungslande als Ersatz für Barzahlung in Aussicht. Denn mögen wir wollen oder nicht: die geschichtliche Entwicklung stellt uns mit unentrinnbarem Zwange vor die Wahl, entweder als Vormacht des Deutschtums zugleich unsere Weltmachtstellung unangreifbar zu befestigen oder auf die Erfüllung unserer nationalen Lebensaufgabe überhaupt Verzicht zu leisten. Deutlich vernehmbar ruft uns die Stimme der Weltgeschichte für die Stunde, in der die säkulare Entscheidung der Völkerschicksale fallen soll, ihr Jetzt oder Niemals zu. Wir würden nicht nur unserem Selbst untreu werden, sondern Verrat an der Menschheit üben, wollten wir den Ruf überhören. So und nicht anders dachte das deutsche Volk als Ganzes über den künftigen Frieden in der Tiefe seiner Seele, als es den heroischen Entschluß faßte, sein Alles für den Endsieg einzusetzen.

Damit waren, wie es schien, die in vielen Kreisen gehegten schwachmütigen und gefährlichen Hoffnungen, auf dem Wege einer freundlichen Verständigung mit den Westmächten zu einem für uns annehmbaren Friedensschluß zu gelangen, für immer begraben. Konnte denn nach der schnöden Abweisung alles Liebeswerbens durch England und Frankreich noch von Zugeständnissen an ihre Begehrlichkeit die Rede sein? War vor allem gegenüber Englands zähem Beharren bei seinem Vernichtungsziel noch für mehr oder minder englandfreundliche Stimmungen Raum? Durften wir, während unsere Gegner nur von der Entmannung eines besiegten Deutschlands träumten, noch von einem Frieden ohne Sieger und Besiegte träumen? Waren wir es nicht unserer Selbstachtung schuldig, für uns die volle Ausnutzung des erhofften Sieges nach dem ausschließlichen Maßstabe unserer eigenen Interessen in Anspruch zu nehmen? In der Tat traten die Bestrebungen nach einem Verständigungsfrieden nun für längere Zeit stark in den Hintergrund. Unsere linksstehenden Parteien entfalteten eine stürmische Agitation auf dem Gebiete der inneren Politik und übten dafür eine gewisse Zurückhaltung in den Fragen der äußeren Politik. Freilich verkündeten daneben nicht nur die unentwegten Sozialdemokraten mit großem Geräusch, daß der Sieg der Demokratie in allen Ländern auch die

Beendigung des Krieges durch einen auf die gemeinsamen demokratischen Überzeugungen gegründeten Weltfrieden im Sinne freier Völkerverbrüderung bringen müsse, sondern auch aus den Kreisen der sozialdemokratischen Mehrheit und ihrer bürgerlichen Gefolgschaft wurden Stimmen laut, die nach wie vor den Versöhnungsfrieden ohne Sieger und Besiegte, ohne Gebietsveränderungen und ohne Kriegsentschädigungen als das zu erstrebende Ziel hinstellten. Vor allem warf Scheidemann seine bekannten Schlagworte, nach denen, was französisch ist, französisch, was belgisch ist, belgisch bleiben, und jedes Volk seine eigene Last tragen soll, in die Öffentlichkeit. Allein allzu ernst nahm man im deutschen Volke solche doktrinären Ergüsse nicht. Man sah darin nur vereinzelte Meinungsäußerungen, die vielleicht nur darauf berechnet waren, das Gesicht zu wahren, und hielt es für undenkbar, daß sie gegenüber der einmütigen Stimmung in Heer und Flotte und dem Übergewicht der festen Entschlossenheit in der Heimat größere Bedeutung gewinnen könnten. Jedenfalls erachtete man sie als gefährlich nur dann, wenn sie von neuem Einfluß auf die Reichsleitung gewinnen würden. Davor aber glaubte man seit dem 1. Februar durch die feierliche Versicherung, daß es für uns kein „Zurück" mehr gibt, unbedingt geschützt zu sein.

Und nun wieder klaffender Zwiespalt! Nun dieser am 21. April veröffentlichte offizielle Beschluß des Vorstandes einer zu ungebührlicher Macht emporgestiegenen Partei, die der Reichskanzler um der Einheit unseres Volkes willen durch Zugeständnisse aller Art mit dem bestehenden Staat versöhnt und als feste Stütze einer nationalen Politik gewonnen zu haben glaubte! Dieser Beschluß, der uns einen selbstmörderischen Friedensschluß zumutet oder vielmehr in souveränem Dünkel diktiert! Nun wieder unvermeidlicher innerer Kampf um die Kriegsziele, lähmender Verdacht, sorgenvolle Unsicherheit!

Was hat sich denn inzwischen begeben, was diese für nüchterne Erwägung unbegreifliche Wandlung erklärt?

III.

Zwei große Ereignisse sind es, an die der Aufschwung der demokratisch-pazifistischen Bestrebungen in Deutschland anknüpft: der Eintritt der Vereinigten Staaten von Nordamerika in den Krieg, und die russische Revolution.

Beide Ereignisse sind an sich dazu angetan, unseren Siegeswillen zu stählen und unseren Entschluß, einen siegreichen, machterweiternden Frieden herbeizuführen, zu befestigen.

Die Kriegserklärung Amerikas haben wir mit Gleichmut aufgenommen. Wir sind an Kriegserklärungen, wie sie sich seitdem ja weiter gehäuft haben, gewöhnt und gegen die Vermehrung unserer Feinde um Riesenziffern abgestumpft. Wohl bedauern wir die dadurch in Aussicht gestellte Verlängerung des Krieges, sind aber überzeugt, daß für die endliche Entscheidung es wenig ins Gewicht fällt, ob Amerika unsere bisherigen Feinde mit Munition und mit Milliarden versorgt oder sich zu deren unmittelbarer Verwendung gegen uns vorbereitet. Dagegen begrüßen wir in Ansehung des künftigen Friedensschlusses den offenen Übertritt der transatlantischen Republik zu unseren Feinden als Erlösung von einer nicht zu unterschätzenden Gefahr. Denn solange Wilson formell die Neutralität wahrte, konnte er dem Plane nachhängen, seine vermeintliche providentielle Mission zur Herstellung des Weltfriedens in der Rolle eines Friedensvermittlers an der Spitze der Neutralen zu erfüllen. Was wir aber von dem Mittleramt dieses Scheinneutralen zu erwarten gehabt hätten, das war zwar für den unbefangenen Beobachter seiner heuchlerischen Politik längst kein Geheimnis, ist aber in vollem Maße erst offenbar geworden, seitdem er die Maske fallen gelassen hat. Nun hat er sich der Möglichkeit, uns als Unparteiischer eine Pax Britannica aufzunötigen, für immer beraubt. Möge er nun versuchen, mit Waffengewalt uns in seinen Weltfrieden hineinzuzwingen.

Daß die russische Revolution, wie immer ihr weiterer Verlauf sich gestalten mag, eine Schwächung der Heereskraft des in seinen Grundfesten erschütterten Riesenreiches zur Folge haben muß, liegt auf der Hand. Wir haben bisher vermieden, die Probe darauf zu machen. Das mag unter dem Gesichtspunkte, den Prozeß der inneren Zersetzung der staatlichen und militärischen Kraft unseres östlichen Feindes nicht zu stören, von der Klugheit geboten sein. Sollte aber ein neuer ernstlicher Kampf erforderlich werden, so wird sich zweifellos herausstellen, daß, was das Zarenheer nicht zu leisten vermochte, die unter irgendeiner traditionslosen Fahne gegen uns herangeführten, in ihrer Disziplin gelockerten Massen erst recht nicht leisten können. Wir haben also nicht den mindesten Anlaß, gegenüber irgendeinem neuen russischen Regiment unsere Kriegsziele zurückzustecken.

Wie ist es nun trotzdem möglich, daß gerade diese beiden Ereignisse die Sozialdemokratie, die doch vor kurzem für eine energische Kriegführung mit eingetreten war, zu ihrem törichten Friedensangebot verleitet haben?

Die Proklamationen Wilsons und der Sturz des Zarentums haben sie in einen demokratischen Rausch versetzt, der ihre Sinne umnebelt. Die unsinnige, vom amerikanischen Präsidenten ausgegebene und von allen unseren Feinden wiederholte Parole, daß dieser Weltkrieg im Grunde nicht ein Ringen der Völker um Macht, sondern ein Kampf zwischen Demokratie und Autokratie sei, hat gezündet. Durch den Triumph der Demokratie in Rußland ist die Entente von dem Makel des Bündnisses mit dem Absolutismus gereinigt. Nun bleibt nur übrig, daß auch wir uns zur allein seligmachenden Demokratie bekehren. Dann ist die Welt für die große Völkerverbrüderung und den ewigen Frieden reif. So sind denn für diese verblendeten Fanatiker alle Erfahrungen der ehernen Kriegszeit ins Nichts versunken. Sie haben nichts gelernt oder das, was sie gelernt hatten, wieder vergessen. Anstatt der Sicherheit, Macht und Ehre des Vaterlandes ist für sie das alleinige Kriegsziel wieder der Sieg des Proletariats im kosmopolitischen Klassenkampf. Die Bedingungen für einen erfolgreichen Vorstoß zur Erreichung dieses Zieles scheinen ihnen zu günstig zu liegen, als daß sie den Augenblick verpassen dürften. Sie vertrauen auf die bewährte Zugkraft der doktrinären Schlagworte, mit denen sie die Massen in ihre Parteiorganisation hineingelockt haben und in dieser zusammenhalten. Sie rechnen aber auch mit der Unwiderstehlichkeit der demokratischen Flutwelle, die sich über die Länder ergießt und der führenden Sozialdemokratie die Aussicht eröffnet, die bürgerlichen Parteien entweder in ihre Gefolgschaft zu treiben oder zu zermalmen. Hat doch schon den linken Flügel der Liberalen der wilde Strudel rettungslos mit sich fortgerissen, während die Parteien der mittleren Linie die Strömung nur durch die Verbindung von Nachgiebigkeit und matten Vorbehalten einigermaßen einzudämmen suchen und selbst die konservativen Parteien nur mit größter Vorsicht sich widersetzen, um nicht gleich einzelnen mutigen Parteigenossen der allgemeinen Ächtung als „Reaktionäre" zu verfallen.

IV.

So unternahm man zunächst den innerpolitischen Ansturm. Man brach den Burgfrieden, dessen Sinn doch war, daß während des Krieges der Parteizwist ruhen sollte, und entfesselte den Kampf der Meinungen über den Inhalt der staatlichen Reformen, die der Krieg uns zu bringen habe.

Jeder ernste Patriot muß es tief bedauern, daß diesem Treiben nicht sofort ein Halt geboten ist. Es gibt zur Zeit nur ein einziges Ziel, dem wir unsere gesamte Volkskraft schulden. Dieses Ziel ist der Sieg über den Feind! Unzweifelhaft aber muß jede Diskussion über die Umgestaltung unseres öffentlichen Rechts die Wucht unserer kriegerischen Volkskraft vermindern. Denn allzu scharf spitzen sich bei uns die inneren Gegensätze zu, als daß eine Spaltung des einheitlichen Volkswillens ausbleiben könnte oder mindestens der Schein einer solchen den Gegnern nicht neuen Mut einflößen müßte. Allein das Bedauerliche ist geschehen! Der Reichstag und der Reichskanzler haben dem Drängen der Linksparteien nachgegeben. Und die Kaiserliche Osterbotschaft hat gewisse Grundzüge der künftigen Reform feierlich festgelegt.

Ich halte es auch jetzt für angebracht, in der Erörterung der innerpolitischen Fragen möglichste Enthaltsamkeit zu üben. Ihre Lösung muß zurückgestellt, die Austragung der Gegensätze muß bis zur Wiederkehr des Friedens verschoben werden. Darum will ich hier auf die positiven Einzelheiten der aufgeworfenen Probleme, die Änderung des preußischen Wahlrechts, die Erweiterung der Reichskompetenz, die Stellung des Reichstags, die Verwaltungsreform usw. nicht eingehen. Nur der Abwehr der radikalen Bestrebungen, die auf eine grundsätzliche Umwälzung unseres Staatsbaues hinarbeiten, will ich einige Worte widmen.

Eine solche Abwehr ist um so notwendiger, als der sozialdemokratische Parteibeschluß jetzt im engen Zusammenhange mit seinem unseligen Friedensbegehren die sofortige Verwirklichung seiner radikalen Verfassungssturzvorschläge zu verlangen wagt. Die „Konzessionen und Konzessiönchen" des Reichskanzlers nimmt er als Abschlagszahlungen auf eine längst fällige Forderung ohne Dank entgegen, will aber nunmehr statt der Versprechungen für die Zukunft das Ganze in barer Münze einkassieren. In maßloser Überhebung befiehlt er, daß inmitten des Krieges, und sei es auf dem Wege des Staatsstreiches, die Demokratisierung unseres Gemeinwesens durchgeführt werde. Die Reichs- und Staatsleitung hat bisher an dem Standpunkt festgehalten, daß alle grundsätzlichen Änderungen unseres öffentlichen Rechtszustandes erst nach dem Frieden ins Werk gesetzt werden dürfen. Wenn sie hiervon durch die Aufhebung des Jesuitengesetzes und des Sprachenparagraphen des Vereinsgesetzes eine Ausnahme gemacht hat, so ist dagegen nach meiner Ansicht nichts einzuwenden; es lagen Reichstagsbeschlüsse vor, denen der Bundesrat jeder Zeit zustimmen konnte, und es handelte sich um Ausnahmegesetze, die durch die veränderten Umstände unhaltbar geworden waren. Allein undenkbar scheint es mir, daß man an verantwortlicher Stelle sich entschließen könnte, im Reich oder in Preußen vor der Beseitigung des Kriegszustandes Rechtswandlungen zu vollziehen, die den Wesenskern unserer staatlichen Institutionen berühren. Solche Überstürzung würde als Vergewaltigung der ernsten Überzeugungen treuester Männer empfunden werden und nimmermehr zum Heile des Ganzen ausschlagen. Vielmehr darf, was zu ändern ist, nur in der gesicherten Ruhe des äußeren Friedens auf Grund besonnener Überlegung auf streng verfassungsmäßigem Wege geändert werden. Dabei werden vielleicht schwere innere Kämpfe unvermeidlich sein. Allein sie müssen ausgetragen, es muß ein Ausgleich gesucht und eine Versöhnung gefunden werden. Jedenfalls müssen alle Volksgenossen zum Worte kommen. Nicht am wenigsten die Männer, die zur Zeit fern der Heimat ihr Leben dafür einsetzen, daß der deutsche Staat überhaupt unversehrt fortbestehe! Schon daß die Feldgrauen augenblicklich ihrer Stimme beraubt sind, sollte jeden Gedanken an eine Vorwegnahme wichtiger Entscheidungen ausschließen.

In der Sache selbst wird niemand bezweifeln, daß unser öffentliches Recht verbesserungsfähig und verbesserungsbedürftig ist und in dieser wie in mancher Hinsicht uns nach dem Kriege die Lösung schwieriger Probleme in angestrengter Arbeit obliegen wird. Allein scharfer Widerspruch ist gegen die Vorstellung einzulegen, daß die Frucht des Krieges ein Bruch mit den geschichtlichen Grundlagen unseres Staatswesens sein müsse. Man sollte meinen, daß der Weltkrieg nichts eindringlicher lehre, als daß der deutsche Staatsbau in seiner festen historischen Fundamentierung sich als ein Hauptfaktor unserer unüberwindlichen Volkskraft bewährt und jedem fremden Staatsbau überlegen gezeigt hat. Zugleich aber lehrt die Geschichte, daß Staaten am besten gedeihen, wenn sie dem Geiste, der sie groß gemacht hat, treu bleiben. Was in aller Welt soll uns nun veranlassen, im Wege einer unblutigen Revolution einen Neubau aufzuführen? Und doch läuft das, was man uns unter dem unglücklichen Worte „Neuorientierung" ansinnt, auf ein solches Experiment hinaus. Während das Zusammenwirken des Reiches und der Einzelstaaten sich als Quelle lebendiger Kraft offenbart hat, rüttelt man an den Grundlagen unserer bundesstaatlichen Verfassung. Man erstrebt die Annäherung des Reiches an einen zentralisierten Einheitsstaat unter Vorherrschaft des Reichstages und die Entmündigung der Einzelstaaten, denen man von Reichs wegen bestimmte Normen für ihr inneres Verfassungsleben aufzwingen will. Vor allem will man den preußischen Staat, obschon doch der in ihm verkörperte, in jahrhundertelanger Überlieferung herangebildete besondere Geist dem deutschen Volke seine Waffenstärke anerzogen und auch im jetzigen Kriege sich als Führer zum Siege erwiesen hat, um der demokratischen Schablone willen zugunsten der Reichsgewalt seiner Eigenart berauben. Man spricht von einem Siege des Reiches über Preußen und bedenkt nicht, daß es ein Pyrrhussieg wäre, wenn das Reich das feste Rückgrat seines eigenen Leibes zerbräche. Durch Änderungen des Wahlrechtes und der Wahlbezirke will man durchweg in Reich, Staat und Gemeinde die Schicksale des Gemeinwesens in die Hand der nach Kopfzahl errechneten Mehrheit legen. Schlimmer noch ist die geplante Schwächung des monarchischen Gedankens. Kann man die tief in der deutschen Volksseele wurzelnde Monarchie vorläufig nicht durch die Republik verdrängen, so verlangt man doch ihre Lähmung durch die Einführung der parlamentarischen Regierungsform. An die Stelle der von einem freien Monarchen berufenen, verantwortlichen, aber über den Parteien stehenden Regierung soll ein von der jeweiligen Mehrheit der Volksvertretung abhängiges Parteiregiment treten. Das verlangt der reine „Volksstaat", in den unser wirklicher Volksstaat, der angeblich immer noch „Obrigkeitsstaat" ist, umgebildet werden soll. Zugleich aber fordert der neue Volksstaat die Beseitigung des „Beamtenstaats". Wer wollte nicht den weiteren Ausbau der Selbstverwaltung, die schon heute bei uns eine Fülle von großartigen Aufgaben in freier Betätigung löst und im Kriege sich ruhmvoll bewährt hat, mit Freuden fördern? Wer teilte nicht auch die Wünsche nach Beschneidung der bureaukratischen Auswüchse, die einem starken Beamtentum als Kehrseite seiner Tugenden immer wieder entsprießen und auch bei uns nicht bloß den Staatsbeamten, sondern auch den Beamten der Selbstverwaltungskörper so oft den rechten Weg versperren? Allein die Axt an die Wurzeln des deutschen Berufsbeamtentums, um das uns die Welt beneidet, und das auch in diesem Kriege in selbstloser Hingabe an das Ganze und treuer Pflichterfüllung das Seinige zu unseren Erfolgen beigetragen hat, zu legen, wäre ein unsühnbarer Frevel gegen den deutschen Geist.

Was ist es denn aber, das uns verlocken soll, mit unserer großen Vergangenheit zu brechen und den im Stile der radikalen Demokratie gehaltenen Neubau zu errichten? Die alte, scheinbar unausrottbare deutsche Untugend, nach dem Auslande zu schielen und das noch so minderwertige Fremde auf Kosten des wertvolleren Eigenen zu überschätzen, feiert wieder ihre Triumphe.

Wir sollen dem Beispiel der westlichen Kulturvölker folgen, die angeblich in ihrer Staatsentwicklung weiter vorgeschritten und uns im politischen Denken überlegen sind! Und doch hat gerade dieser Krieg für jedes unbefangene Auge klar enthüllt, wie geringe Bürgschaften die dort auf demokratischer Basis errichtete Parlamentsherrschaft für echte Volksfreiheit und für die Durchsetzung des wahren Volkswillens bietet. In England ist, seitdem das Schattenkönigtum auch tatsächlich geradezu entmündigt und das Oberhaus lahmgelegt ist, der längst von scharfsinnigen Staatsgelehrten Englands und Amerikas konstatierte Bankerott des parlamentarischen Parteiregiments offen zutage getreten. Die staatliche Allmacht, die der Form nach das Unterhaus als Repräsentant des souveränen Volkes erworben hat, ist in Wirklichkeit auf eine souveräne Kabinettsregierung übergegangen, um schließlich in der Diktatur des jeweiligen Premierministers zu gipfeln. Hinter dem Schilde der Demokratie birgt sich eine noch immer vornehmlich auf den Großgrundbesitz und das Großkapital gestützte Oligarchie. Freilich ist es dem staatsmännischen Geschick der führenden Männer gelungen, den Kriegswillen der Nation immer wieder zu schüren, jede im Laufe des Krieges auftauchende Opposition niederzuschlagen und mit der Durchsetzung der allgemeinen Heeres- und Arbeitspflicht eine gewaltige Zwangsorganisation zu schaffen. Allein sie verdanken dies in keiner Weise dem demokratisch-parlamentarischen System, sondern eben der zielbewußten Ausnutzung ihrer unumschränkten Regierungsgewalt. Durch die skrupellose Anwendung aller zweckdienlichen Mittel, unter denen Lüge und Verleumdung, heuchlerische Phrase und tyrannische Unterdrückung der freien Meinungsäußerung nicht die kleinste Rolle spielten, wußten sie die öffentliche Meinung sich zu unterwerfen. Und sobald sie in der Seele ihres Volkes die ererbte nationale Selbstsucht, den bornierten Hochmut, die brutale Herrschbegier und den gewinnlüsternen Neid bis zur Siedehitze entflammt hatten, vermochten sie zugleich die dem Angelsachsentum angestammte zähe Energie der germanischen Rasse zu wecken. In der französischen Republik hat der Parlamentarismus schon vor dem Kriege politische Zustände herbeigeführt, die von einsichtigen Franzosen als unerträglich verurteilt wurden. Er entwertete im wüsten Kampfe ehrgeiziger Parteipolitiker und im beständigen Wechsel kurzlebiger Parteiregierungen die politische Tätigkeit und erwies sich als machtlos gegen den wachsenden Einfluß einer die Demokratie sich dienstbar machenden Plutokratie. Hat er etwa im Kriege sich leistungsfähiger erwiesen? Hat er irgendwie vermocht, der wahnwitzigen Verblendung des chauvinistischen Eroberungsdurstes den Star zu stechen, den Niedergang der sich nutzlos verblutenden Nation aufzuhalten, die rettungslose Selbstverknechtung der einst so stolzen Großmacht in englische Vasallenschaft abzuwehren? Es ist nahezu unbegreiflich, daß man uns zumutet, von dieser parlamentarischen Republik politisches Denken zu lernen! Und nun gar Italien? Sein Königtum und sein Parlament haben in unrühmlichem Wettbewerb allzu offenkundig ihren politischen Unfähigkeitsbeweis erbracht, als daß es sich lohnte, darüber viel Worte zu verlieren.

Nun aber hat die große transatlantische Republik sich unter Verleugnung ihrer berühmten Monroedoktrin zum Schutzherrn der europäischen Demokratie aufgeworfen. Sie stellt die Befreiung aller Völker des Erdballs als ihr Kriegsziel hin. Unter Befreiung versteht sie Amerikanisierung. In naivster Weise hat dies der Präsident der Neuyorker Kolumbia-Universität, Herr Butler, in einer Rede ausgesprochen, in der er das Heil der Welt für gesichert erklärt, wenn überall die amerikanische Verfassung eingeführt wird. Mehr oder minder verhüllt aber huldigt die große

Mehrzahl der Anglo-Amerikaner, der gegenüber leider so manche hochgebildeten Vertreter einer geschichtlichen Staatsauffassung — ich denke z. B. an Professor Burgeß und einige andere Austauschprofessoren, die Deutschland wirklich kennen — nicht aufkommen können, ähnlichen Vorstellungen. Sie liegen vor allem den offiziellen Kundgebungen des Präsidenten Wilson zugrunde. Mit erstaunlicher Selbstüberhebung verbindet er gleich so vielen seiner gelehrten und ungelehrten Landsleute eine noch erstaunlichere Unkenntnis europäischer und insbesondere deutscher Verhältnisse. Indessen hat er bei aller Ignoranz doch das richtige Gefühl, daß Deutschland das stärkste Bollwerk gegen die Überflutung des alten Europa durch den Geist seines halbreifen neuen Kontinents bildet. Und darum erklärt er Deutschland für den Feind der Menschheit!

In den Vereinigten Staaten besteht ja kein parlamentarisches Regiment, die Gewaltenteilung nach dem Rezept der älteren konstitutionellen Doktrin ist streng durchgeführt, Exekutive, Legislative und Judikatur erfüllen ihre Aufgaben in voller Unabhängigkeit, die bundesstaatliche Verfassung gewährt den Einzelstaaten eine weitgehende Selbständigkeit, eine ausgedehnte kommunale Selbstverwaltung verstärkt den Schutz gegen zentralisierende Tendenzen. Allein das stets wachsende Übermaß der Demokratisierung aller öffentlichen Einrichtungen hat das innerhalb dieses Rahmens sich abspielende politische Leben mehr und mehr verderbt. Der Beruf des Politikers ist zum verächtlichen Gewerbe herabgesunken. Eine mit allen Mitteln unlauterer Stimmungsmache, mit ideeller und materieller Bestechung arbeitende Maschinerie bestimmt den Ausgang der Wahlen, die in immer weiterem Umfange durchgeführt, auf immer kürzere Termine abgestellt, immer unmittelbarer der Masse ausgeliefert werden. Über die Besetzung des höchsten Amtes der Republik entscheidet alle vier Jahre ein die ganze Nation in fieberhafte Erregung versetzender, das ganze öffentliche Leben für lange Zeit vergiftender Wahlkampf, der in jedesmal groteskeren Formen dieses System auf die Spitze treibt und mehr und mehr in ein geradezu unwürdiges

Schauspiel ausartet. Die großen Parteien, die in ihren sachlichen Zielen sich kaum noch unterscheiden und in sich selbst die schroffsten Gegensätze aufweisen, sind zu straff organisierten äußerlichen Machtverbänden geworden, die miteinander um die Herrschaft ringen, in ihren eigenen Reihen aber die freie Betätigung der politischen Überzeugung immer rücksichtsloser vergewaltigen. Vergeblich bemüht man sich um die Heilung der von den einsichtigen Amerikanern klar erkannten Schäden des Parteiregiments in Union, Staat und Gemeinde. Das schmähliche Prinzip, daß dem Sieger die Beute gehört, scheint unüberwindlich. Die Ämtervergebung durch die Partei führt zur wachsenden Korruption des Beamtentums, die zum Teil sogar schon den Richterstand ergriffen hat. Dies alles wird nur ertragen, weil die Mehrheit des Volkes in ihrer individualistischen Denkweise den Staat überhaupt nur als notwendiges Übel wertet, so daß auf größere oder geringere Mißstände des politischen Lebens nicht allzuviel ankommt, solange nur die Freiheit und das Eigentum des einzelnen unberührt bleiben. Aber darum vermag auch dieser Staat die hohen Aufgaben einer vom Geiste der Allgemeinheit beseelten Gesamtpersönlichkeit nicht zu erfüllen. Allmächtig erweist sich gegenüber allen seinen Reformversuchen die Herrschaft des Dollars, und über schwächliche Anfänge kommt die soziale Fürsorge für das Wohl der arbeitenden Klassen nicht hinaus.

Wir gönnen den Amerikanern den Glauben an die Vortrefflichkeit ihrer Verfassung. Wenn sie als eine im Grunde doch erst werdende, noch recht unfertige Nation mit einem erst halb besiedelten ungeheuren Gebiet und unerschöpflichen Quellen des materiellen Aufschwungs, aber mit einer sehr kurzen geschichtlichen Überlieferung und einer noch ziemlich flachen eigenen geistigen Kultur nicht nur in der Gegenwart bei ihren politischen Zuständen sich wohl befinden, sondern auch für alle Zukunft in dem radikalen Ausbau der demokratischen Republik die für sie geeignete Form des staatlichen Lebens gefunden zu haben meinen, so denken wir nicht daran, ihnen mit Verbesserungsvorschlägen hineinzureden. Aber wir verbitten uns freilich ernsthaft die Anmaßung, mit der sie in naturrechtlichem Irrwahn die Mustergültigkeit ihrer Institutionen für alle Welt verkünden und im Namen der völkerbeglückenden Demokratie auch uns Deutsche von unserer vermeintlichen Unfreiheit erlösen wollen. Solchen Lockungen werden wir Deutschen, wenn wir uns auf uns selbst besinnen, mit aller Kraft widerstehen. Wir wollen unsere geschichtlich erarbeitete hohe Staatsidee, unsere harmonische Verbindung einer starken Monarchie mit germanischer Volksfreiheit, unsere die Einheit in der Mannigfaltigkeit wahrende staatliche und gesellschaftliche Organisation, unsere sittlich verankerte und sozial gebundene Freiheit, unsere tief wurzelnde bodenständige Kultur nicht dem demokratischen Moloch opfern. Amerikanisieren lassen wir uns nicht!

Was aber soll man gar dazu sagen, daß uns die russische Revolution zur Demokratie bekehren soll? Es ist begreiflich, daß unsere westlichen Feinde, die ja bekanntlich für „Freiheit, Recht und Kultur" kämpfen, den Sturz der russischen Despotie als Erlösung von der Lächerlichkeit ihres Bündnisses mit dem Zarismus bejubeln und nun in gleicher Weise, wie bisher den scheinbar allmächtigen Zaren, die neuen republikanischen Machthaber umschmeicheln und in ihren Dienst zu pressen suchen. Es ist ferner begreiflich, daß sie in ihrer trotz aller zur Schau getragenen Siegesgewißheit wachsenden Bangigkeit vor dem endlichen Ausgange eine letzte Erfolgshoffnung auf die ansteckende Wirkung der revolutionären Bewegung setzen und ihrerseits in Deutschland durch Aufhetzung von unzufriedenen Elementen revolutionäre Zuckungen hervorzurufen suchen, von denen sie in ihrer Verblendung die Vernichtung unserer Kriegsstärke erwarten. Es ist endlich auch begreiflich, daß die internationale sozialistische Propaganda Fühlung mit den Gesinnungsgenossen an der Newa nimmt und unter Anteilnahme der deutschen und österreichischen Unentwegten auf den Sieg der extremen Richtung innerhalb der provisorischen Regierung Rußlands hinarbeitet. Schwer begreiflich dagegen ist das Verhalten unserer zur nationalen Fahne haltenden Sozialdemokraten und völlig unbegreiflich das unserer bürgerlichen Demokraten, wenn sie den durch die russische Revolution geschaffenen Zustand als ein leuchtendes Vorbild begrüßen, das uns zu schleuniger Nachfolge aneifern soll. Ist doch alles drüben im Fluß, das wirkliche augenblickliche Machtverhältnis undurchsichtig, der fernere Verlauf völlig ungewiß. Alle geschichtliche Erfahrung spricht dafür, daß schwere innere Kämpfe über die neue Staatsform bevorstehen. Nichts ist unwahrscheinlicher, als eine dauernde Befestigung des jetzigen vielköpfigen Regiments im Wege friedlicher Einigung seiner gemäßigten und radikalen Teilhaber und glatter Beschwichtigung der Sonderwünsche der Soldaten und Arbeiter, der landhungrigen Bauern und der auseinanderstrebenden Nationalitäten. Weit eher wird man zu erwarten haben, daß über kurz oder lang radikale Strömungen das Staatsschiff in ihren Strudel hineinreißen, daß das Chaos anarchischer Zustände hereinbricht und den Bestand der politischen und gesellschaftlichen Einheit in Frage stellt, daß dann schließlich im bekannten Kreislauf wieder eine in irgendeiner Form als Retterin auftretende gewalttätige Reaktion triumphiert. Das Tempo freilich der Entwicklung ist unberechenbar. Wie dem aber auch sein mag, unser eigenes praktisches Verhalten ist uns klar vorgezeichnet. Als kühle Zuschauer haben wir den Gang der Dinge abzuwarten. So wenig wir den geringsten Anlaß haben, mit dem gestürzten Zarentum Sympathie zu empfinden, so wenig dürfen wir für oder wider diese oder jene neue Regierungsform Partei nehmen. Die Russen mögen unter sich selbst ausmachen, was ihnen gut dünkt. Auch den Schein einer Einmischung müssen wir vermeiden. Gegen diese einfache Klugheitsregel verstößt der sozialdemokratische Parteibeschluß mit seiner „leidenschaftlichen“ Sympathieerklärung für den Sieg der Revolution. Was aber das damit zusammenhängende Verlangen betrifft, nun unverzüglich auch bei uns eine möglichst radikale Demokratisierung von Reich, Staat und Gemeinde zu vollziehen, so ist es vom Parteistandpunkt aus vielleicht nicht so ungereimt, wie es jedem besonnen Denkenden erscheinen muß. Man will den durch den unerwarteten Sturz der scheinbar wurzelfesten

Dynastie der Romanows erzeugten Rausch nach Kräften ausnutzen und unter dessen Einfluß die ersehnten Früchte der eigenen Wühlarbeit unter Dach bringen, bevor der möglicherweise schon vor dem Kriegsende offenbar werdende Zusammenbruch der revolutionären Herrlichkeit weite Kreise ernüchtert und vielleicht ein demokratischer Katzenjammer folgt!

V.

Birgt die unter sozialdemokratischer Führung vorschreitende Agitation für eine radikale innerpolitische „Neuorientierung" ernste Gefahren, so ist doch im gegenwärtigen Augenblick die damit verknüpfte Einmischung der Sozialdemokratie und ihrer bürgerlichen Gefolgschaft in die äußere Politik unendlich viel gefährlicher.

Wenn eine Partei, die doch in erster Linie den deutschen Sieg mitanzustreben erklärt, die proletarische Internationale wieder zu beleben sucht, um mit ihrer Hilfe den Frieden zu stiften, so handelt sie entweder in törichter doktrinärer Verblendung oder in gewissenloser Verfolgung selbstsüchtiger Ziele. Auf alle unsere Feinde kann dieses Bemühen um einen Frieden ohne Gebietsveränderungen und Entschädigungen nur wie ein Eingeständnis deutscher Schwäche wirken. Sie selbst denken glücklicherweise heute noch nicht daran, ein solches Friedenswerben zu erwidern. In unvermindertem Starrsinn hält England an dem Plane der Fortsetzung des Krieges bis zur Erreichung der Zertrümmerung der deutschen Weltgeltung fest, und das, was es uns durch den Mund seines jetzigen Diktators verkündigt, findet keinen Widerspruch in irgeneiner beachtlichen pazifistischen oder sozialistischen Volksschicht. Aus Frankreich tönen zu uns nach wie vor die wahnwitzigsten Forderungen ausschweifender Begehrlichkeit herüber, und selbst die vereinzelten extremen Sozialisten, die der Internationale treu bleiben, stimmen dem Friedensprogramm ihrer deutschen Genossen nur mit dem Vorbehalt zu, daß die Wiedervereinigung von Elsaß-Lothringen mit Frankreich keine Gebietsveränderung und die Ersatzleistung Deutschlands für die von ihm verschuldeten Kriegsschäden keine Entschädigung bedeutet. Sogar in Italien wagen die Friedensfreunde nicht, offen den Verzicht auf jede Eroberung zu verlangen. Auch in Rußland haben bisher die Anhänger der Internationale in ihrer weit überwiegenden Mehrheit den nichts weniger als entsagungsvollen Kriegszielen der provisorischen Regierung zugestimmt und der unter dem Druck der Entente zugesagten Ablehnung eines Sonderfriedens mit Deutschland nicht widersprechen. So könnten wir also selbst beim besten Willen vorerst den von unseren Pazifisten vorgeschlagenen Frieden, auch wenn die Pazifisten der neutralen Länder dafür gewonnen würden, nicht haben. Erst wenn wir neue entscheidende Schläge ausgeteilt, wenn wir an allen Fronten die Gegner von der Aussichtslosigkeit ihrer Siegeshoffnung überzeugt, wenn wir vor allem England durch den Tauchbootkrieg in einen nicht mehr erträglichen Notstand versetzt haben, wird die gegen uns verschworene Weltliga wohl sich gnädig herbeilassen, mit uns auf der Basis einer Preisgabe ihrer beutegierigen Wünsche zu verhandeln. Dann aber wird man alle diplomatischen Künste gegen uns ausspielen, um auch uns zum Verzicht auf jede Machterweiterung zu treiben und uns den Siegespreis zu entreißen. Und dabei wird man sicherlich die Festlegung unserer Demokratie auf das Programm des Friedens ohne Sieger und Besiegte weidlich gegen uns ausnutzen und die pazifistische Internationale als Bundesgenossin willkommen heißen.

Damit wäre, wie in Übereinstimmung mit der Überzeugung aller um die Zukunft unseres Vaterlandes besorgten Männer, soweit sie national und geschichtlich denken, oben bereits dargelegt ist, dem Erfolge nach unser Sieg in Niederlage und die Niederlage unserer Feinde in Sieg verkehrt.

Aber die international und ungeschichtlich denkenden Befürworter des schwächlichen Friedens wollen uns ja belehren, daß, wenn nur die Demokratisierung der Welt und die Organisation des Friedensbundes der freien Völker vollzogen ist, alle uns aus dem Verzicht auf Machterweiterung drohenden Gefahren verschwinden. Es wird das goldene Zeitalter anbrechen, in dem das Machtstreben der Völker überhaupt erlischt, die Staaten in brüderlicher Eintracht unter dem Schirme einer unverbrüchlichen Rechtsordnung für die gemeinsamen Interessen der Menschheit zusammenwirken und ihre etwaigen Streitigkeiten in einem nach Art des Zivilprozesses eingerichteten friedlichen Verfahren eine unblutige Erledigung finden. Und auf solches Trugbild, das uns utopische Schwärmerei und fanatischer Doktrinarismus vorgaukeln, sollen wir vertrauensvoll unsere Zukunft bauen? Wir sollen einem phantastischen Traume zuliebe die Machtmittel aus der Hand geben, die wir um unserer Daseinsbehauptung willen mit unsäglichen Opfern erkämpft haben? Nein und immerdar nein! Mit offenen Augen wollen wir der harten Wirklichkeit ins Angesicht blicken!

Die Wirklichkeit aber bietet ein anderes Bild. Sie zeigt uns den leidenschaftlichen Haß und den selbstsüchtigen Neid unserer Feinde, die eine innere Versöhnung in weite Ferne rücken und am wenigsten durch weichherzige Nachgiebigkeit von unserer Seite überwunden werden können. Sie offenbart uns den von der Staatsform unabhängigen, unausrottbaren Machthunger der Herrenvölker der Erde. Sie lehrt uns die Unmöglichkeit einer dauernden Sicherung des Völkerfriedens durch die Unterwerfung selbstsicherer Staaten unter den Richterspruch eines Weltbundes.

Oder wird etwa irgend jemand glauben, daß die herrschgewohnte englische Nation, wie immer sie ihre Staatsform umbilden mag, freiwillig auf ihr Imperium, auf ihre Vergewaltigung der unterjochten fremden Völker in allen Weltteilen, auf ihre Suprematie über die freien Meere, auf ihre zur Sicherung ihrer Vormacht anderen Reichen ein- oder vorgebauten Zwingburgen, Flottenstationen und Handelsemporien Verzicht leisten wird? Auch dem geringsten Engländer liegt die Mißachtung alles Nichtenglischen im Blute, auch ihm erscheint die Weltherrschaft seiner Nation als eine durch göttliche Vorsehung bestimmte Mission und jeder erfolgreiche Wettbewerb im Welthandel und in der Ausbeutung des Reichtums schwächerer Länder und Rassen als Antastung eines geheiligten Vorrechts, auch er kennt nur eigene Freiheit und eigenes Recht und wird sich stets von einer populären Regierung zur gewaltsamen Unterdrückung fremder Freiheit und fremden Rechts, wenn sie englische Interessen fördert, fortreißen lassen.

Keine zarte Schonung wird auch das französische Volk, so demokratisch es seine Republik ausbauen mag, von seinem Größenwahn, seiner Rachsucht, seinem leidenschaftlichen Haß des deutschen Erbfeindes heilen. Fühlt es sich zu schwach, für sich allein einen neuen Kampf um die Zurückeroberung seiner ehemaligen Frontstellung gegen den deutschen Nachbar zu wagen, so wird es doch stets bereit bleiben, in blinder Selbsttäuschung über seinen wahren Vorteil sich auf das Gebot ehrgeiziger Machthaber einer uns feindlichen Koalition zur Verfügung zu stellen, die seine Illusionen für eigene Zwecke ausnutzt.

Nun aber Rußland! Gewiß ist es möglich, daß eine demokratische Republik zunächst den moskowitischen Weltherrschaftsträumen entsagt. Aber setzen wir den für uns günstigsten Fall, daß die Errichtung einer föderativen Republik mit weitgehender Autonomie der Fremdstämme gelingt, kann irgend jemand im Ernst glauben, daß damit auf die Dauer die uns von dem ungeheuren Reich mit seiner rapide anschwellenden Bevölkerung drohende Gefahr beseitigt wäre? Über kurz oder lang würde sicherlich das Großrussentum, das doch der übermächtige Kern jedes föderativen Staatsgebildes bliebe, die Herrschaft zurückgewinnen, das Ganze des Reiches wieder zu einer nach außen handlungsfähigen Einheit zusammenfassen und die Absonderungsbestrebungen niederschlagen. Dann aber wird auch der russische Imperialismus, der panslawistische Drang nach dem Westen und Süden, der Hunger nach Konstantinopel und den Meerengen, das Streben nach der Beherrschung der Ostsee von neuem aufleben. So tief in die Volksseele eingesenkte Überlieferungen, wie die moskowitische Europabegehrlichkeit, tilgt vorübergehende Beschwichtigung nicht aus.

Daß auch Italien, wenn es jetzt auf Eroberungen verzichten

muß, seine irredentistischen Pläne nicht für immer begraben wird, mag uns wenig beunruhigen. Und daß Japans den asiatischen Kontinent und den Stillen Ozean umfassender Imperialismus aus der Selbstzerfleischung der weißen Rasse neue Kraft saugen wird, schafft uns vorerst geringere Sorge als seinen eigenen Verbündeten. Indes der Hinweis darauf erhöht nicht gerade die Aussichten auf eine von Machtkämpfen erlöste Zukunft.

Vielleicht aber bringt die Einmischung des demokratischen Amerika den Völkern der Erde die ewige Versöhnung. Von dort hören wir ja, daß die große Republik in uneigennützigem Idealismus lediglich das Wohl der Menschheit bezweckt und mit ihrem Eintritt in den Krieg nichts anderes erreichen will, als die Freiheit, Gleichheit und Brüderlichkeit aller Nationen, die Herrschaft des Rechtes über die Macht und die Sicherung des künftigen Friedens durch einen Weltverein. Gibt es wirklich einen Deutschen, der nach den Erfahrungen dieses Krieges töricht genug ist, um nicht die bewußte oder unbewußte Verlogenheit solcher tönenden Versicherungen zu durchschauen? Längst hat ja die demokratische Republik die Bahn eines machtlüsternen Imperialismus beschritten. Die Philippinen, Kuba, Panama legen vollgültiges Zeugnis aus neuester Zeit ab. Und nun sollen wir an die Bekehrung der transatlantischen Demokratie zu selbstloser Opferfreudigkeit für das Menschengeschlecht glauben? Allzu durchsichtig ist doch die heuchlerische Maske, hinter der sich krasse Selbstsucht, weit ausgreifende Herrschbegierde und maßlose Gewinnsucht verbergen. Die demokratische Verfassung mit aller ihrer Gewaltenteilung hat es nicht verhindert, daß der schlaue Biedermann, der seine Wiederwahl zum Präsidenten durchgesetzt hat, zu der Machtstellung eines Cäsar emporgestiegen ist, die es ihm ermöglicht hat, die Gewissensregungen und die bessere Einsicht in den gebildeten Schichten des führenden Yankeetums zu ersticken und die in der urteilslosen Masse schlummernden imperialistischen Instinkte zu wecken. Wir müßten an Gehirnerweichung leiden, wenn uns nach allem Vorangegangenen Präsident Wilson durch seinen wortreichen Phrasenschwall über seine wahren Ziele täuschen sollte. Dieser Friedensfreund, der unter dem Scheine der Neutralität in einseitiger Parteinahme bereits alles getan hatte, um durch Lieferung von Waffen und Geld an unsere Feinde und durch Lähmung unserer Abwehrmaßregeln gegen die auf unsere Aushungerung gerichtete Seesperre das Blutvergießen ins Endlose zu verlängern, dann aber, als wir endlich seinem anmaßlichen Verlangen den Gehorsam weigerten und von dem uns zu Gebote stehenden wirksamsten Mittel gerechter Notwehr rücksichtslosen Gebrauch machten, uns mit der frivolsten Kriegsansage, die jemals erfolgt ist, in den Arm fiel! Dieser Idealist, der mit der Sorge um das Wohl seiner Freunde so schön die Patronage der gewissenlosen Ausbeutung ihrer Not durch schnöde Gewinnspekulation zu verbinden weiß! Dieser Kosmopolit, dessen Weltbürgertum sich so wundervoll mit dem bornierten Patriotismus seiner unfertigen Nation verträgt, in der er die Wahnvorstellung nährt, als sei sie berufen, die Völker des Erdrundes durch die Bekehrung zu den eigenen Ideen von Staat, Freiheit und Recht zu beglücken! Wahrlich! Das eigentliche Kriegsziel, auf das seine Politik folgerichtig hinarbeitet und für das er die Mehrheit seines Volkes zu gewinnen verstanden hat, ist die Fruchtbarmachung des Weltkrieges für die Anbahnung einer auf ökonomisches Übergewicht gegründeten Vorherrschaft Amerikas über das verarmte Europa.

Diesem Ziele soll auch das von Amerika geplante neue demokratische Völkerrecht mit seiner Weltorganisation und seinen obligatorischen Schiedsgerichten dienstbar werden. Denn Amerika will an die Spitze des überstaatlichen Vereines treten, und rechnet auf seine Präponderanz. Es ist verständlich, daß unsere Feinde im Vertrauen auf eine stets deutschfeindliche Mehrheit in der Weltliga freudig zustimmen und auch pazifistisch gesonnene Neutrale sich für den Vorschlag begeistern. Unverständlich aber ist, daß Deutsche in die Falle gehen.

VI.

Wir hoffen, daß an dem gesunden Wirklichkeitssinn des deutschen Volkes, an dem einmütigen Willen unseres siegreichen Heeres und an der leidenschaftlichen Verbissenheit unserer Feinde die auf einen vorzeitigen Friedensschluß ohne Annexionen und Entschädigungen gerichteten Bestrebungen scheitern werden. Wir wollen die Stunde abwarten, in der die Dinge für einen deutschen Frieden reif sind. Ist sie aber gekommen, dann sollen uns keine demokratischen Versöhnungsträume davon abhalten, das zu verwirklichen, was unsere Daseinsbehauptung verlangt.

Von uns aus haben wir zu bestimmen, was im einzelnen uns gebührt. Wir werden die Grenzen nicht überschreiten, die uns Verstand und Gewissen ziehen. Kluge Mäßigung wollen wir üben, wo kühle Erwägung der gegenwärtigen und künftigen Machtlage sie rätlich macht. Gerecht und billig wollen wir handeln und nichts, was uns selbst ungerecht dünkt, begehren. Innerhalb dieser Grenzen aber wollen wir die Macht gebrauchen, die wir mit dem Einsatz unserer gesamten leiblichen und geistigen Volkskraft, mit unerhörter Willensanspannung und mit tief sittlichem Opfermut erkämpft haben. Und wir wollen sie so gebrauchen, wie unsere eigenen Bedürfnisse und unsere eigenen politischen, nationalen und wirtschaftlichen Interessen es erfordern.

Darum müssen wir vor allem den Versuchen unserer Gegner entgegenwirken, die Friedensbedingungen zu einer durch gemeinsamen Weltbeschluß zu erledigenden Angelegenheit zu stempeln. Unter geschickter Ausnutzung der weltbürgerlichen Ideen, die nirgend so tiefe Wurzeln geschlagen haben, wie in unserem eigenen Volke, möchte man uns letzten Endes durch einen Völkerkongreß überwinden, der das, was man uns mit dem Schwerte nicht aufzuzwingen vermochte, uns auf diplomatischem Wege aufdrängen soll. Man hofft auf das Schwergewicht einer kompakten Kongreßmehrheit, in der die Koalition der gegen uns verschworenen Mächte fortleben und mit den der veränderten Sachlage angepaßten alten Künsten den Einkreisungsring, den wir gesprengt haben, neu zusammenschmieden würde. Wir aber haben mit jeder einzelnen der uns feindlichen Mächte unsere besonderen Gegensätze und Berührungen und müssen uns mit jeder von ihnen besonders auseinandersetzen. Soweit es irgend möglich ist, haben wir den Abschluß von Sonderfrieden zu erstreben. Erregt doch schon das bloße Wort „Sonderfrieden" bei unserem Hauptfeinde Zorn und Furcht, setzt doch gerade England seine ganze listenreiche Energie an das Bemühen, bei den von ihm ins Verderben gelockten Alliierten jeden Gedanken an einen Sonderfrieden zu ersticken. Jedenfalls aber haben wir die Friedensbedingungen jedem einzelnen feindlichen Staate gegenüber nach unserem Ermessen festzustellen und unverrückbare Grundlinien zu zeichnen, die wir der Diskussion auf einem Friedenskongresse entziehen.

Auch den neutralen Mächten können wir das Recht, bei der Festsetzung unserer Friedensbedingungen mitzusprechen, nicht zugestehen. Wir werden auf ihre Interessen billige Rücksicht nehmen und mit jeder von ihnen gern darüber Verhandlungen pflegen. Allein es ist nicht unsere Schuld, daß sie durch diesen Krieg, den wir so wenig wie sie gewollt haben, vielfach zu Schaden gekommen sind. Sie müssen das weltgeschichtliche Verhängnis mittragen, das die ganze Menschheit betroffen hat und auch Völker, die in friedlichem Fürsichsein sich ungestört nur ihren heimatlichen Lebensaufgaben widmen möchten, in die säkulare Katastrophe verflicht. Für ihre Wünsche und Beschwerden können sie Gehör bei denen, die es angeht, verlangen; auf einen Weltaeropag, vor dem darüber verhandelt würde, haben sie keinen Anspruch.

Wir dürfen uns auch dadurch nicht beirren lassen, daß nach dem von Wilson zur Zeit seiner vorgespiegelten Neutralität verkündeten und jetzt unter seine Kriegsziele aufgenommenen Plan der Friedenskongreß zugleich die Aufgabe lösen soll, ein neues Völkerrecht zur Sicherung des künftigen Weltfriedens aufzubauen. Der Plan ist klug ersonnen, um die Pazifisten aller Länder für den Friedenskongreß zu gewinnen. Allein um so mehr müssen wir ihm gegenüber auf der Hut sein und auch das geringste Zugeständnis an den ihm zugrunde liegenden Gedanken vermeiden. Jede Verquickung des Friedensschlusses mit einer Neuregelung des Völkerrechts ist von Hause aus verfehlt. Die Beendigung des Kriegszustandes durch konkrete Streitentscheidung und die Ordnung der Staatengemeinschaft durch abstrakte Normsetzung sind durchaus ungleichartige Aufgaben. Erst muß einmal die dem Kriegsergebnis entsprechende Umgestaltung der staatlichen Machtbereiche in Rechtsform übergeführt sein, bevor eine Vereinbarung der Staaten in ihrem nunmehrigen Rechtszustande über das künftige zwischenstaatliche Recht angängig ist. Wir jedenfalls wollen zuvörderst mit den Mitteln des bisherigen Völkerrechts die feste Rechtsgrundlage schaffen, auf der sich weiter bauen läßt. Dabei wollen wir in keiner Weise einem uns vorgegaukelten Zukunftsrecht zuliebe uns den Siegespreis entwinden lassen oder etwaige Zugeständnisse durch das bindende Versprechen der Zustimmung zu bestimmten künftigen Völkerrechtsreformen erkaufen. Haben wir den festen Boden eines siegreichen deutschen Friedens unter den Füßen, dann und erst dann ist auch für uns die Zeit gekommen, an der Wiederaufrichtung der zertrümmerten Völkergemeinschaft mitzuarbeiten. Dann mögen auch wieder Weltkongresse am Platze sein, auf denen die Staaten sich in freier Verständigung über eine verbesserte Ordnung ihres Zusammenlebens einigen.

Schwere Arbeit steht uns noch bevor, wenn wir unter Überwindung aller äußeren und inneren Widerstände das Ziel des siegreichen deutschen Friedens erreichen wollen. Allein unsere Zuversicht, daß es gelingen wird, wankt nicht und darf nicht wanken. Wir zweifeln nicht am Endsiege und verbinden mit dem unbedingten Vertrauen auf unser Heer und unsere Flotte und ihre Führer den festen Glauben an die unerschütterliche Willenskraft des ganzen Volkes, die uns das Durchhalten bis zum Ende gewährleistet. Wir halten im Vertrauen auf den Stern unseres Volkes an der Überzeugung fest, daß schließlich den zur Vollbringung des Friedenswerks berufenen Staatsmännern und Diplomaten die Entschlußkraft und das Geschick nicht fehlen werden, deren es zum Siege über die Ränke unserer Gegner bedarf, auf daß die Feder nicht verderbe, was das Schwert errungen hat. Und es scheint uns undenkbar, daß die sich entgegenstemmenden Phantome der demokratischen, weltbürgerlichen und pazifistischen Doktrinen Einfluß auf die führenden Männer gewinnen und den deutschen Geist unterjochen könnten.

Gleichwohl ist es nicht überflüssig, gerade die Doktrinen zu bekämpfen, aus denen die ideellen Hindernisse stammen, die man uns bereiten will. Denn diese Doktrinen sind selbst lebendige Mächte. In langer Friedenszeit erwachsen und aus den verschiedensten Quellen gespeist, haben sie sich tief in den Gemütern eingenistet und trüben den freien Blick so mancher rechtlich und edel denkenden Männer für die harte geschichtliche Wirklichkeit. Sie kleiden sich vielfach in das Gewand wissenschaftlicher Theorien, die namentlich im Gebiete des Völkerrechts zu offizieller Anerkennung gelangt sind. Für uns aber sind sie um so gefährlicher, weil kraft seiner uralten Eigenart der Deutsche, der sich einmal zu ihnen bekannt hat, es mit ihnen ehrlich meint, während der Ausländer selten geneigt ist, der schimmernden Phrase den eigenen Vorteil zu opfern.

In der Anwendung auf die Kriegsziele leiden sie an dem gemeinsamen Grundfehler, daß sie das Wesen des Krieges nicht begreifen. Der Krieg ist für sie nur eine mit gutem Willen vermeidbare Störung des ordnungsmäßigen Zusammenlebens der Völker, nicht eine der Menschheit auferlegte eherne Notwendigkeit. Er ist ihnen nur der furchtbare Vernichter, nicht zugleich der gewaltige Schöpfer. Sie erkennen nicht, daß der Krieg die weltgeschichtliche Aufgabe erfüllt, morsche Kultur, überlebtes Recht, entartete Freiheit erbarmungslos zu zerbrechen, um mit urwüchsiger Kraft verjüngte Kultur, gerechteres Recht, echtere Freiheit zu zeugen. Es ist ihnen unverständlich, daß über Sein oder Nichtsein der Völker und Staaten kriegerische Gewalt von Rechts wegen zu entscheiden hat. Sie legen an den Waffenstreit den Maßstab des bürgerlichen Prozesses an und können sich nicht mit der seit Jahrtausenden bezeugten Tatsache abfinden, daß vor dem Richterstuhl der Weltgeschichte nur die Beweisführung durch den Sieg gilt.

Wir können hier nicht alle in diesem Grundirrtum wurzelnden doktrinären Postulate verfolgen. Doch wollen wir drei aus ihm abgeleitete Hauptforderungen, die sich einem siegreichen deutschen Frieden entgegenstellen, etwas näher beleuchten: die Achtung vor dem freien Selbstbestimmungsrecht der Völker, die Begründung einer überstaatlichen Organisation behufs dauernder Friedenssicherung und die Durchsetzung der Gleichheit aller Staaten im Völkerrecht.

VII.

Wir sollen haltmachen vor dem freien Selbstbestimmungsrecht der Völker! Mit ihm verträgt es sich nicht, wenn wir vom Recht der Eroberung Gebrauch machen! Nur die freie Zustimmung des Besiegten legitimiert eine Änderung seines Rechtszustandes!

Bisher haben in den großen Krisen der Weltgeschichte die Völker stets ungefragt ihr Schicksal aus den Händen ihrer Besieger empfangen. Das soll aber durch den Fortschritt der Zivilisation geändert und mit dem modernen Rechtsbewußtsein unvereinbar sein. Törichtes Geschwätz! Solange es Krieg gibt, kann auch das Recht der Eroberung nicht verschwinden. Es liegt im Wesen der Dinge, daß Eroberung das Recht verleiht, über den Fortbestand der in Besitz genommenen Staatsgebilde zu bestimmen und, soweit ihnen der Fortbestand gewährt wird, ihnen die Bedingungen ihres künftigen Daseins vorzuschreiben. Und das geschieht von Rechts wegen.

Hierin liegt der Sinn der alten Vorstellung, daß der Krieg die Berufung auf ein Gottesurteil ist. Er ist den doktrinären Gegnern nicht aufgegangen. Wohl wissen auch sie, daß in dem blutigen Ringen der Völker der Erfolg allein von dem Ausfalle der Machtprobe abhängt und darum kein Volk sein Recht durchzusetzen vermag, wenn es die Probe nicht besteht. Allein sie sträuben sich gegen die Anerkennung der allseitig verbindlichen Rechtskraft der durch Machtbewährung begründeten Entscheidung. Damit aber verstoßen sie gegen das ewige Gesetz der sittlichen

Weltordnung, das den Völkern gebietet, sich dem Richterspruch der unerforschlichen Gottesmacht in Ehrfurcht zu unterwerfen. Die Frage, ob das Urteil gerecht oder ungerecht ist, mögen wir jedem irdischen Tribunal gegenüber aufwerfen. Einem Gottesurteil gegenüber ist sie sinnlos. Denn eben weil die Maßstäbe der irdischen Gerechtigkeit versagen, haben wir die Streitentscheidung der über menschliches Verstehen erhabenen Weisheit anheimgestellt, die sich in der Weltgeschichte offenbart. Auch der Besiegte muß das Urteil als Ausfluß einer höheren Gerechtigkeit hinnehmen. Niemand kann ihm verwehren, seine Revision von der Zukunft zu erhoffen. Aber zunächst geschieht ihm sein Recht und widerfährt ihm kein Unrecht, wenn die Vollstreckung des Urteils gegen ihn erfolgt. Darum ist es die Aufgabe des Friedensschlusses, die durch die Kriegsentscheidung festgestellten Machtverhältnisse in Rechtsverhältnisse umzuwandeln, damit an Stelle der Gewalt wiederum Recht trete, aber neues, der Wirklichkeit der Gegenwartslage angemessenes, gesicherte Dauer für die Zukunft versprechendes Recht. Und wenn uns im gegenwärtigen, das Schicksal der ganzen Menschheit mit nie dagewesener Gewalt in seinen Strudel hineinziehenden Kriege der Sieg zufällt, so handeln wir im Einklange mit der Gerechtigkeit, wenn wir bei dem Neubau des Staatenrechts den für unsere Daseinsbehauptung erforderlichen Gebrauch von dem Rechte des Eroberers machen.

Oder sollen wir wirklich unsere Machterweiterung von Volksbeschlüssen in den besetzten Gebieten abhängig machen?

Wohl hält bisweilen ein durch Gewalt in den Besitz gelangter Machthaber es für zweckmäßig, seinem Machterwerb durch eine Volksabstimmung die von der Doktrin verlangte Legitimation zu verschaffen. Allein er tut dies immer nur, wenn er von vornherein sicher ist, die Abstimmung so einrichten zu können, daß sie seinen Wünschen entspricht. Oder hat man jemals erlebt, daß ein siegreicher Eroberer vor einem ablehnenden Plebiszit zurückgewichen ist? Man hat es nicht erlebt und wird es auch künftig nicht erleben. So handelt es sich stets nur um leeren Schein, um mehr oder minder gut gespielte Komödie! Und wie soll denn auch ein rechtlich erheblicher Beschluß eines Volkes zustande kommen, das durch die Entthronung seiner Staatsgewalt sein bisheriges organisches Gefüge verloren hat? Um einen Gesamtwillen zu äußern, muß doch die Masse zunächst wieder organisiert, es muß das Stimmrecht und das Stimmverfahren geregelt werden. Das kann nur durch die im Besitz befindliche Staatsgewalt geschehen. Welche Normen aber soll sie dabei befolgen, um dem Verlangen der Doktrin nach einem Akte freier Selbstbestimmung Genüge zu tun? Vermutlich soll sie im Sinne der radikalen Demokratie die nach Kopfzahl berechnete Mehrheit der erwachsenen Männer und vielleicht auch der Frauen zur Entscheidung berufen. Aber ist denn die Annahme, daß ein solches Rechenexempel einen einheitlichen Gemeinwillen hervorzaubert, mehr als eine geschichtswidrige naturrechtliche Fiktion? Darf überhaupt, wo es sich um staatliche Neuordnung handelt, das nackte Majoritätsprinzip gelten und frei von den Schranken, die im geordneten Gange des Staatslebens dem Mehrheitswillen gesetzt sind, den Minderheiten einen von ihnen mißbilligten Entschluß aufzwingen? Und wenn die unterworfene Bevölkerung sich nach Stämmen und Sprachen, nach Gesinnungen und Bedürfnissen spaltet, gebührt dann nicht, nachdem das sie einigende staatliche Band gelöst ist, das Recht der Selbstbestimmung jedem in sich geschlossenen Volksteil? Wo aber beginnt und wo endet das Absonderungrecht eigenartiger Gebietsteile? Wer entscheidet die Vorfrage, ob überhaupt die Frage des besonderen staatsrechtlichen Schicksals eines Landesteils aufgeworfen und welchem Einwohnerkreise sie zur Abstimmung unterbreitet werden soll? Wird sie, wie es ja kaum anders möglich ist, von der im Besitz befindlichen Staatsgewalt nach ihrem Ermessen gelöst, so liegt doch wiederum ein Eingriff in das freie Selbstbestimmungsrecht der Völker vor. Schließlich muß die Theorie, wenn sie ihre individualistische Grundauffassung folgerichtig durchführt, jedem beliebigen Volksbruchteil das Recht zugestehen, im Wege besonderer Abstimmung einen Mehrheitsbeschluß über seine staatliche Zugehörigkeit zu fassen. Damit aber widerlegt sie sich selbst.

Auf das Gaukelspiel von Plebisziten wollen wir also uns lieber nicht einlassen. Das schließt nicht aus, daß wir bei der Ausgestaltung des neuen Rechtszustandes die Volksstimmung der betroffenen Einwohnerschaften und ihrer verschiedenen Schichten ernsthaft berücksichtigen. Sie gehört neben vielen anderen Faktoren, neben den vorhandenen politischen, nationalen, wirtschaftlichen und sozialen Verhältnissen zu den realen Tatsachen, mit denen wir rechnen müssen, wenn wir in weiser und gerechter Abmessung unserer eigenen Bedürfnisse und Interessen und der Bedürfnisse und Interessen der in unsere Hand gegebenen fremden Länder und Landesteile Einrichtungen schaffen wollen, die für die Zukunft gesicherten Bestand, Versöhnung der Gegensätze und friedliche Fortbildung versprechen. Darauf ist bei der Erörterung der Frage, in welcher Form im einzelnen unsere Machterweiterung stattfinden soll, zurückzukommen.

VIII.

Man verlangt ferner von uns, daß wir unsere Friedensziele mit dem gemeinsamen Menschheitsziel einer überstaatlichen Organisation, die künftige Kriege unmöglich macht, in Einklang setzen. Wir sollen das Wohl der Menschheit der nationalen Selbstsucht voranstellen und keine Erwerbungen und Entschädigungen anstreben, die dem Siege des weltbürgerlichen Gedankens Hindernisse bereiten. Und wir sollen unsere Entsagung krönen durch den freiwilligen Beitritt zu einer Weltliga, die als civitas maxima die pazifistischen Träume verwirklicht und die Sehnsucht der Völker nach ewigen Frieden stillt.

Also Weltbürgertum wagt man uns zu predigen! Nur allzu weltbürgerlich haben wir Deutschen zu unserem unermeßlichen Schaden von je gedacht. Wir glaubten, durch die Erfahrungen des Weltkrieges für immer von dieser Krankheit geheilt zu sein. Und nun sollen wir in einer Zeit, in der der Kosmopolitismus trostlos zusammengebrochen, die internationale Gemeinschaft durch das Gebahren unserer Gegner frivol gesprengt und die wildeste nationale Leidenschaft ringsum entflammt ist, von neuem dem gestürzten Götzen huldigen. Unsere Feinde schwelgen noch immer in haßerfüllten Tiraden gegen das Deutschtum, sie erklären es für den barbarischen Feind des Menschengeschlechts, den es zu vernichten gilt, sie suchen es, da ihr Schwert versagt, mindestens mit Hilfe schamloser Lüge moralisch zu ächten und ergehen sich in ausschweifenden Plänen, wie sie auch nach dem Friedensschluß seinen materiellen Wiederaufstieg niederhalten wollen. Wir aber sollen allen uns angetanen Schimpf vergessen, ihnen die Bruderhand entgegenstrecken und durch einen Versöhnungsfrieden um unsere Wiederaufnahme in die menschlich Gemeinschaft werben. In Wahrheit beruht, wie nun einmal der Weltlauf beschaffen ist, alle Hoffnung auf Wiederanbahnung einer inneren Versöhnung ganz allein auf unserer Stärke. Sie wollen wir, soweit an uns ist, befestigen, um die Erkenntnis der Unangreifbarkeit unserer Weltstellung zu erzwingen. Dann wird vielleicht allmählich den Völkern des Erdrundes auch das Verständnis deutschen Wesens, der deutschen Kultur, der deutschen Freiheit und des deutschen Rechts, und seines Wertes für die Menschheit wieder aufdämmern. Wir werden niemals aufhören, uns als Glied der ganzen Menschheit zu fühlen. Aber wir glauben dem hohen Ziele des Fortschrittes der Menschheit am besten zu dienen, wenn wir unser eigenes Volkstum vertiefen und kräftigen und ihm die führende Stellung sichern, zu der es die Weltgeschichte beruft.

Nun schwören ja freilich die modernen Kosmopoliten, daß sie nicht daran denken, das Sonderleben der Nationen antasten zu wollen. Im Gegenteil! Der weltbürgerliche Verein soll ja gerade auf strenge Durchführung des Nationalitätsprinzips gegründet werden. Decken sich die staatlichen Verbände mit den Nationalitäten, dann fällt im Verhältnis der Staaten zueinander die Haupttriebfeder der Machtkämpfe weg. In sich selbst befriedigt werden die Staaten in friedlichem Nebeneinanderleben nur den edlen Wettstreit in der Erfüllung der gemeinsamen Aufgaben der Menschheit kennen!

Schade nur, daß das Nationalitätsprinzip wiederum nur von uns anerkannt werden soll, während unsere Feinde sich hüten, es gegen sich selbst gelten zu lassen. Um des Nationalitätsprinzips willen fordert man in der Blüte der Ententeträume die Losreißung der polnischen, dänischen und französischen Volkssplitter vom deutschen Reich, die Auflösung der Habsburgischen Monarchie und die Zertrümmerung der Türkei. Denkt aber etwa das englische Weltreich daran, freiwillig sich selbst zu zersetzen, Irland als unabhängigen Staat von sich auszuscheiden, die Burenstaaten wiederherzustellen, Gibraltar an Spanien zurückzugeben und Malta an Italien auszuliefern, Ägypten freizugeben, den geknechteten Millionen seiner indischen Untertanen staatliche Selbständigkeit zu gewähren oder in irgendeinem anderen Teil seines ungeheuren Kolonialbesitzes die Herrschaft an eine überwiegende fremde Nationalität abzutreten? Ist Frankreich, das es Deutschland gegenüber mit dem Nationalitätsprinzip vereinbar findet, nicht nur unserem in seinem Kern urdeutschen Reichslande Elsaß-Lothringen durchweg Franzosentum anzudichten, sondern immer wieder nach dem Rhein als seiner „natürlichen“ Grenze zu schielen, seinerseits etwa gesonnen, Algier, Tunis, Marokko als freie Nationalstaaten wiederherzustellen oder die von ihm in Hinterindien zerstörten selbständigen Reiche wiederaufzurichten? Zeigt auch nur Italien die geringste Neigung, das Nationalitätsprinzip, mit dem es seine Eroberungssucht bemäntelt, auch gegenüber Südslawen und Mohammedanern zur Geltung zu bringen? Sind die Vereinigten Staaten bereit, die Philippinen freizugeben oder der scheinselbständigen Republik Kuba wirkliche staatliche Selbständigkeit zu vergönnen?

Die Verwirklichung der im Namen des Nationalitätsprinzips zur Vernichtung der Mittelmächte ersonnenen ausschweifenden Pläne wäre ja nun freilich ausgeschlossen, wenn es zu dem von unserer Demokratie empfohlenen Verständigungsfrieden käme. Man müßte vorläufig alle dem Status quo ante anhaftenden Schönheitsfehler in den Kauf nehmen. Aber wenigstens gegen die für unsere Daseinsbehauptung unerläßliche Machterweiterung führt man das Nationalitätsprinzip ins Treffen. Es soll uns veranlassen, alle eroberten Fremdgebiete vorbehaltlos herauszugeben, Belgien, Serbien, Montenegro als vollsouveräne Staaten wiederherzustellen und auf jede Obergewalt in den etwa verselbständigten ehemals russischen Provinzen zu verzichten.

Wir Reichsdeutschen sind wahrlich von der Überzeugung durchdrungen, daß es keine sicherere Grundlage eines gesunden Staatslebens gibt, als die nationale Einheit des Volkskörpers. Unser Reich ist Nationalstaat, wir wissen, daß es aus seinem nationalen Wesen seine unüberwindliche Kraft schöpft, und sind fest entschlossen, ihm den Charakter des Nationalstaates auch in Zukunft zu wahren. Aber so wenig wir nach der Vereinigung des ganzen deutschen Volkstums in unserem Reiche streben, so wenig denken wir an eine Ausscheidung der ihm einverleibten nichtdeutschen Volkssplitter. Denn wir wissen, daß gegenüber den geschichtlichen Zusammenhängen, der vielfach unentwirrbaren Durcheinandermischung der Sprachgemeinschaften und der ungleichen Befähigung der Völker und Völkchen zu isolierter politischer Existenz die allgemeine Verwirklichung der Deckung von Staatsvolk und Nationalität ein utopisches Ziel ist. Dieser Krieg hat auch denen von uns, die es früher nicht sehen wollten, die Augen für die Unentbehrlichkeit, den weltgeschichtlichen Beruf und die unzerstörbare Lebenskraft der uns verbündeten Donaumonarchie geöffnet. Sie aber kann schlechthin nicht Nationalstaat, sie muß notwendig Nationalitätenstaat sein. So hat ja auch die schweizerische Eidgenossenschaft den Beweis ihrer Daseinsberechtigung längst erbracht und in diesem Kriege dadurch, daß ihr Staatsgedanke aller nationalen Gegensätze Herr geworden ist, vollauf bekräftigt. Das moderne Bewußtsein fordert die Achtung des sprachlichen und kulturellen Sonderlebens jeder Volksindividualität. Der Nationalitätenstaat wird um so besser gedeihen, je entschiedener er die verfassungsmäßige Gleichberechtigung der in ihm verbundenen Nationalitäten wahrt. Aber auch der Nationalstaat schuldet den in ihn eingesprengten fremden Nationalitäten jede mit seinem Bestande verträgliche Schonung ihrer Eigenart. Insoweit haben auch wir aus den Erlebnissen des Weltkrieges manches zu lernen. Allein als Richtschnur für die Staatenbildung wird das Nationalitätsprinzip immer nur eine relative Berechtigung behalten. Nur eine solche wollen wir ihm auch bei der Neuordnung der staatsrechtlichen Schicksale der in unseren Machtbereich gelangten Gebiete zugestehen.

Gesetzt aber, das Unmögliche wäre möglich und der angestrebte Idealzustand würde erreicht, so würde dadurch die Aussicht auf den ewigen Frieden keineswegs nähergerückt sein. Auch die reinen Volksstaaten würden in mannigfachen Widerstreit wichtiger Lebensinteressen geraten und vor allem auf wirtschaftlichem Gebiet einander den Rang abzulaufen suchen. Nicht einmal Grenzstreitigkeiten würden ausbleiben, da ja doch die Bewegung der räumlichen und zahlenmäßigen Ausdehnung oder Abminderung der Nationalitäten nicht stillsteht und Verschiebungen hervorruft, die das Begehren nach Berichtigung eines versteinerten Rechtszustandes entfachen würden. Nicht selten würden vermutlich auch zwischenstaatliche Konflikte eintreten, wenn ein Volksstaat sich gemäß seiner natürlichen Pflicht der eigenen Volksgenossen im Auslande gegen wirkliche oder vermeintliche Bedrückung annimmt. Solange aber die Völker überhaupt die Verkörperung ihrer Einheit in selbständigen Staatspersönlichkeiten finden, wird jeder Staat, wie immer er organisiert sein mag, Machtorganisation bleiben und kraft der ihm immanenten Idee nach Gewinnung und Stärkung der für seine Selbstbehauptung erforderlichen Macht streben. Er wird sich bewußt bleiben, daß ihm nur seine Macht die Durchsetzung seines Rechtes verbürgt. Und er wird sich bereit halten, äußerstenfalls, wenn zum Schutze seines Rechtes kein anderes Mittel sich als ausreichend erweist, zu den Waffen zu greifen.

Das wissen auch die Pazifisten. Darum eben wollen sie den völkerrechtlichen Verein schaffen, der die Staatengemeinschaft in einen Machtorganismus zur Erzwingung des ewigen Friedens verwandelt.

Das Mittel würde ja Erfolg versprechen, wenn der geplante

Weltverein den oft gehegten und noch immer kläglich gescheiterten Traum eines Weltreiches erfüllen und als ein nicht nur mit den Hoheitsrechten, sondern auch mit der wirklichen Macht einer die Erde beherrschenden Staatsgewalt ausgerüsteter Universalstaat sich Gehorsam erzwingen könnte. Allein für einen so unsinnigen, geschichtswidrigen, die Staaten ihrer Autarkie und damit in Wahrheit ihres Staatscharakters beraubenden, alles nationale Sonderleben, in dem kraft unverbrüchlicher Gesetze das Leben der Menschheit sich abspielt und die Blüte seiner bunten Herrlichkeit entfaltet, entthronenden, die Völkerfreiheit der Vergewaltigung durch einen öden Weltdespotismus ausliefernden Gedanken wagt man doch nicht Propaganda zu machen. Vorläufig wenigstens begnügt man sich mit dem bescheideneren Vorschlage der „obligatorischen Schiedsgerichte". Sie sollen das einzige Organ des Weltbundes, aber doch eben das Organ einer überstaatlichen Macht, der die Glieder sich zu unterwerfen haben, sein. Damit wäre nun freilich der ewige Friede tatsächlich keineswegs gesichert. Denn wer wird glauben, daß ein Staat, der sich die Macht zum Widerstande zutraut, sich einem Schiedsspruche fügen wird, wenn er ihn als ungerechte Verletzung seiner Lebensinteressen oder seiner Ehre empfindet? Aber sein Widerstand erscheint nun als Rebellion. Die übrigen Bundesglieder sind verpflichtet, mit Waffengewalt seinen Widerstand zu brechen. Setzt er sich zur Wehr, so stempelt der Bund die Kriegführung zur Exekution. Alle künftigen Kriege sind im Rechtssinne Bürgerkriege. Das ändert nichts an den Tatsachen. Die Entscheidung hängt nach wie vor von dem Erfolge der kriegerischen Machtprobe ab. Aber man hat den moralischen Vorteil erreicht, vorerst den Schein des Unrechts dem bekämpften Gegner der Bundesmehrheit aufzuladen.

Unsere Feinde wissen wohl, warum sie dem pazifistischen Projekte Beifall zollen. Sie rechnen darauf, daß sie in dem überstaatlichen Verbande mit den gleichen Künsten, mit denen sie während des Krieges die Koalition der größten und kleinsten Mächte gegen uns und unsere Verbündeten zusammengebracht und eine deutschfeindliche Weltstimmung erzeugt und genährt haben, stets sich das Übergewicht verschaffen werden. Sie hoffen, mit dem Massenaufgebot der überlegenen Zahl, das im Weltkriege versagt hat, uns schließlich doch im Weltfrieden zu überwinden. Sie gedenken, die Friedensliga als ein brauchbares Werkzeug im Dienste der auf unsere künftige dauernde politische und wirtschaftliche Niederhaltung gerichteten Bestrebungen zu verwenden.

Und dazu sollen **wir** die Hand bieten? Wir sollen töricht genug sein, in eine so plumpe uns gestellte Falle gehen? Wir sollen in blindem Vertrauen auf das heuchlerische Bekenntnis zum Pazifismus uns freiwillig selbst entrechten?

Das kann und wird nicht geschehen! Auch wir wünschen einen möglichst dauernden Frieden und werden das Unserige dazu tun, durch den Friedensschluß eine Machtverteilung zu schaffen, die die Menschheit für absehbare Zeit vor einer so furchtbaren Friedensstörung sichert, wie sie die jetzige grauenhafte Selbstzerfleischung Europas verschuldet hat. Allein an den ewigen Frieden glauben wir nicht. Wir wissen, daß wir auch in Zukunft nach dem unabänderlichen Gesetz der Weltgeschichte unser Dasein, unser Recht und unsere Freiheit, unsere Kultur und unseren Wohlstand nur behaupten können, wenn wir in schimmernder Wehr dem Kriege zu trotzen bereit und befähigt bleiben. Unseren „Militarismus", den mit Gewalt zu vernichten man vergeblich auszog, wird uns auch sanft überredende Bitte nicht entwinden. Auf den Vorschlag einer allgemeinen Abrüstung werden wir höflich erwidern, daß wir selbst nicht gesonnen sind, uns übermäßige Lasten aufzubürden, jedoch die Entscheidung darüber, was je nach der Weltlage für unsere Sicherung zu Lande und auf der See notwendig ist, unserem eigenen Ermessen vorbehalten. Und taube Ohren wird bei uns das Ansinnen finden, uns in irgendeine überstaatliche Organisation hineindrängen zu lassen, die unsere völkerrechtliche Souveränität verkümmern und uns von Rechts wegen zwingen könnte, uns in Fragen unserer nationalen Macht und Ehre einer Majoritätsentscheidung zu fügen. Einen Ausbau der internationalen Schiedsgerichtsbarkeit behufs friedlicher Beilegung völkerrechtlicher Konflikte und Vermeidung unnötiger Waffengänge wollen auch wir gern fördern. Aber auf die eigene freie Entscheidung höchster Instanz werden wir niemals verzichten. Wir wollen uns an der unendlich schwierigen Arbeit eines Wiederaufbaues des Völkerrechtes nach Kräften beteiligen. Aber kein Gemeinwesen über den Staaten, keine „civitas maxima", sondern eine wiederaufgerichtete freie Staatengemeinschaft soll das Völkerrecht der Zukunft ausbauen.

IX.

Endlich sollen wir das Prinzip der Gleichheit der Staaten anerkennen. In einem radikal demokratischen Programm, das mit der Zauberformel „Freiheit, Gleichheit, Brüderlichkeit" arbeitet, darf ja das für die innerstaatlichen Verhältnisse weitaus wirksamste mittlere Schlagwort auch hinsichtlich des Verhältnisses der Staaten zueinander nicht fehlen.

Auch hier wieder kehrt die praktische Spitze der doktrinären Phrase sich einseitig gegen uns! Unsere Feinde kämpfen ja, wie sie unzählige Male salbungsvoll versichert haben, für das gleiche Recht aller Staaten. Sie sind die selbstlosen Beschützer der kleinen Staaten, deren Unabhängigkeit deutsche Herrschsucht bedroht. Was will es denn ihren schönen Worten gegenüber besagen, daß sie unter Hintansetzung aller Regeln des Völkerrechts einen unerhörten Zwang gegen die schwächeren neutralen Mächte ausüben, um ihre Parteinahme für die Entente zu erzielen? Hier handelt es sich ja nur um Anhaltung zur Pflichterfüllung und um Bestrafung der Pflichtverletzung gegenüber der Menschheit! Denn die Pflicht, in dem großen Kampfe gegen den Feind des Menschengeschlechts auch seine Kraft einzusetzen, damit die heilige Sache der Menschheit siege, liegt ja offenbar jedem Staate ob. Der pflichtvergessene Staat aber kann natürlich die Gleichberechtigung mit den pflichtgetreuen Staaten, die sich dem Verbande anschließen, nicht beanspruchen. Selbst die schmachvolle Vergewaltigung Griechenlands wegen seiner Verweigerung der Kriegsfolge erscheint so als eine gerechte Züchtigung, die dem Nimbus der erbarmungslosen Zuchtmeister als Beschützer der kleinen Staaten keinen Abbruch tut. Um so weniger darf der mittelbare Zwang, der gegen die Neutralen geübt wird, um sie zur Aufgabe der Neutralität oder mindestens zur unfreundlichen Haltung gegen Deutschland zu bestimmen, dürfen die Versuche, Holland, Dänemark, Norwegen und Schweden durch Abschneidung ihrer Lebensbedingungen eine wahre Neutralität unmöglich zu machen, den Vorkämpfern für die Unabhängigkeit und Gleichberechtigung der kleinen Staaten vorgeworfen werden. Wohl aber sollen wir das Gleichheitsprinzip, das von der anderen Seite mit dem Munde bekannt und durch die Tat verspottet wird, ernst nehmen und beim Friedensschluß als Hindernis einer Machterweiterung zu Lasten von Nachbarstaaten gelten lassen.

Es ist ja richtig, daß auch die herrschende Völkerrechtslehre die Gleichheit aller Wesen, die Staatsantlitz tragen, als ein Axiom hinstellt, das sich derselben Unantastbarkeit erfreut wie das naturrechtliche Axiom der Gleichheit von allem, was Menschenantlitz trägt. Allein es verhält sich hiermit ebenso wie mit manchen anderen vom Völkerrecht fortgeschleppten Dogmen naturrechtlicher Herkunft. Sie führen ein Scheindasein. Die Wirklichkeit hat sie ausgehöhlt und durchlöchert. Es ist an der Zeit, dies einmal unumwunden auszusprechen.

Wenn das Völkerrecht den Staaten, die es als völkerrechtliche Subjekte anerkennt, die völkerrechtliche Gleichheit gewährleistet, so hat dies einen guten Sinn, wenn darunter die vom modernen Rechtsbewußtsein geforderte Gleichwertigkeit der staatlichen Persönlichkeiten verstanden wird. Deutet man aber die Gleichheit als abstrakte Gleichförmigkeit, als eine jeden Unterschied der Rechte und Pflichten ausschließende Uniformität des Inhalts der Persönlichkeit, so verkehrt sie sich in ein unsinniges Postulat. Nur so und nicht anders darf auch, worauf hier nicht näher eingegangen werden kann, die durch die Verfassungsurkunden den Individuen zugesicherte „Gleichheit vor dem Gesetz" verstanden werden, falls nicht das organische Gefüge der bürgerlichen

Gesellschaft zerstört und ihre Auflösung durch ödeste Gleichmacherei von Rechts wegen gefördert werden soll. Nun aber gar die Staatenwelt! In welchem krassen Widerspruch steht doch die abstrakte Gleichheit der größten und kleinsten Staaten, der Weltreiche und der bescheidensten Territorialmächte mit der Wirklichkeit der völkerrechtlichen Vorgänge! Das Völkerrecht aber kann gleich allem Recht das reale Leben nicht aus sich heraus erzeugen, sondern muß es hinnehmen, wie es sich ihm darbietet. Es kann in dem Maße, in dem die ihm immanente Rechtsidee selbst eine lebendige Kraft ist, die Beziehungen der Staaten zueinander ordnen und dem Gebrauche der stärkeren Macht Schranken setzen, deren Überschreitung es als Unrecht verurteilt. Allein die geschichtlich gewordenen Machtverhältnisse muß es als gegebene Tatsachen anerkennen und ihrer Bedeutung für die Rechtsstellung der einzelnen Staaten muß es gerecht werden. Es muß der organischen Struktur der vielgliedrigen Völkergesellschaft sich anschmiegen. Mit dürren Formeln einer mechanischen Schablone vermag es seine hehre Aufgabe nicht zu lösen. Stellt es Sätze auf, die jeder Windstoß als nichtigen Schein hinwegbläst, so verurteilt es sich selbst zu kläglicher Ohnmacht. Darum muß es auch für die rechtlichen Beziehungen der Staaten zu einander die Fiktion der Gleichheit aufgeben und dafür den Gedanken der gerechten Verteilung von Rechten und Pflichten nach dem Maße der durch die Machtverhältnisse bestimmten Leistungsfähigkeit durchführen. Auch für das Völkerrecht lautet der oberste Leitsatz nicht Cuique idem, sondern Suum cuique.

Ohnehin billigt ja das Völkerrecht die Rechts- und Handlungsfähigkeit nur den von ihm als Staaten anerkannten Verbandseinheiten zu, kann aber die Vorfrage, ob ein Gebilde überhaupt ein zum völkerrechtlichen Subjekte geeigneter Staat ist, nicht von sich aus, sondern nur auf Grund der ihm vom Staatsrecht aufgedrängten tatsächlichen Organisation und begrifflichen Ausgestaltung der politischen Machtverhältnisse beantworten. Es verlangt eine gewisse Vollendung der Staatsbildung, ein festes Gebiet, ein in ihm beschlossenes Volk und eine echte Staatsgewalt. Schon diese Grenzziehung hat etwas Willkürliches und nötigt zur Annahme quasivölkerrechtlicher Beziehungen im Verkehr mit unzivilisierten Völkern und unvollkommen konsolidierten Stämmen. Löst sich ein bisher einheitlicher Staat in mehrere Staaten auf oder verschmelzen sich bisher selbständige Staaten, reißt sich eine Provinz von ihrem Staate los oder verschwindet ein Staat durch Einverleibung in einen anderen Staat, so vervielfältigen oder vermindern sich mit der Perfektion der staatsrechlichen Umwälzungen auch die Subjekte des Völkerrechts. Wie aber verhält es sich bei den zusammengesetzten, in sich gegliederten Reichen? Solange nach dem geltenden Staatsrecht ein Reichsteil kein Staat für sich, sondern nur autonome Provinz, Kolonie, Schutzgebiet, Nebenland oder sonst dergleichen ist, kann ihn auch das Völkerrecht, mag er sich noch so selbständig gebärden, nicht als Staat behandeln. Die großen englischen Dominien mit Selbstverwaltung, Kanada, Neuseeland, Australien, Südafrika, sind, obschon sie eine stärkere Selbständigkeit als manche Staaten genießen und zum Teil sogar in sich wieder nach den Muster von Bundesstaaten mit Gliedstaaten eingerichtet sind, noch immer keine Staaten und darum auch keine Subjekte des Völkerrechts. Dennoch machten eine Zeitlang Kanada und Nordamerika Miene, völkerrechtliche Verträge miteinander zu schließen. Andererseits sind zweifellos die Gliedstaaten eines Bundesstaates Staaten für sich und müssen daher auch dem Völkerrecht als Staaten gelten. Gleichwohl wird zwar den deutschen Einzelstaaten, nicht aber den Einzelstaaten der Nordamerikanischen Union und anderer amerikanischer Bundesrepubliken und den Schweizer Kantonen allgemein völkerrechtliche Persönlichkeit zuerkannt.

Aus dieser Verlegenheit sucht sich die völkerrechtliche Doktrin dadurch zu ziehen, daß sie die Anerkennung völkerrechtlicher Persönlichkeit an das Vorhandensein von Souveränität knüpft. Solange die Souveränität als Wesensmerkmal des Staates galt, deckte sich ja der Begriff des Staates mit dem des souveränen Gemeinwesens. Aber wenn man hieran festhält, muß man gegenüber den modernen Bundesstaaten entweder zu den wirklichkeitsfremden Gewalttheorien greifen, die bald dem Gesamtstaate, bald den Gliedstaaten die Staatseigenschaft überhaupt abstreiten, oder aber durch die Annahme einer geteilten Souveränität, einer Doppelsouveränität oder einer irgendwie organisierten gemeinschaftlichen Souveränität sich mit dem überlieferten Souveränitätsbegriff, der eine absolut höchste, unteilbare, nur durch sich selbst beschränkte, an einem einzigen Punkte konzentrierte Gewalt fordert, in Widerspruch setzen. Um dies zu vermeiden, hat neuerdings eine vielfach als Erlösung begrüßte Theorie die Souveränität als Begriffsmerkmal des Staates überhaupt gestrichen und neben den souveränen Staaten nichtsouveräne Staaten in das Staatsrecht eingeführt. Damit aber ist dann auch für das Völkerrecht der Souveränitätsbegriff als fester Anhaltspunkt entwertet. Denn die deutschen Einzelstaaten sind als völkerrechtliche Subjekte anerkannt und werden doch zu den nichtsouveränen Staaten gestellt. Warum aber sollen dann nicht alle nichtsouveränen Gliedstaaten von Bundesstaaten Völkerrechtssubjekte sein? Und nicht bloß die bundesstaatsrechtlichen Ordnungen bringen die sich an den Souveränitätsbegriff klammernde Lehre in Verwirrung. Besaß denn nicht der alte Deutsche Bund, obschon er ein bloßer Staatenbund war, der jeder Souveränität entbehrte, völkerrechtliche Persönlichkeit? Treten nicht auch durch Realunion verbundene Staaten, wenngleich sie lediglich eine Gemeinschaft souveräner Staaten ohne eine selbständig konstituierte Oberstaatsgewalt bilden, als einheitliche Völkerrechtssubjekte auf? Und wie verhält es sich mit der niemals ganz fehlenden Anerkennung abhängiger Staaten als Glieder der völkerrechtlichen Gemeinschaft? Um sie zu erklären, hat man den Begriff der „Halbsouveränetät“ aufgestellt, den man alsbald wieder als einen widerspruchsvollen Zwitterbegriff kennzeichnete und nur als einen zum Verschwinden bestimmten Notbehelf für Übergangszustände duldete. Der Souveränitätsbegriff ist also nicht der gesuchte Schlüssel zur Lösung des völkerrechtlichen Grundproblems für die heutige Welt. Von der schwindelnden Höhe, auf die ihn die absolutistische Lehre gehoben hatte, ist er herabgestürzt. Seiner dogmatischen Starrheit ist er entkleidet. Sein Inhalt und seine Tragweite bilden den Gegenstand eines unausgetragenen Streits. Er selbst bedarf der Klärung durch die Beobachtung der tatsächlichen Verhältnisse und kann nicht beanspruchen, aus sich heraus die Lebenserscheinungen zu erhellen oder gar zu meistern.

Durchweg muß eben das Völkerrecht mit der lebensfremden Begriffsjurisprudenz, in die es sich verstrickt hat, brechen und die konstruktiven Gedanken, deren es bedarf, der Wirklichkeit ablauschen. Dann aber muß es sich damit abfinden, daß in Wahrheit der mit der Zuerkennung völkerrechtlicher Persönlichkeit gesetzte Inhalt keine absolute, sondern eine relative Größe ist. Um als Subjekt des Völkerrechts zu gelten, muß ein Staat natürlich fähig sein, Rechte und Pflichten völkerrechtlicher Art zu haben. Allein das Maß seiner Rechtsfähigkeit kann ungleich bestimmt sein, und die eigene Handlungsfähigkeit kann ihm nicht nur teilweise, sondern sogar überhaupt fehlen. Staatsrechtliche Einschränkungen des Fürsichseins eines staatlichen Gemeinwesens werden sich auch in seiner völkerrechtlichen Stellung wiederspiegeln und, wenn sie eine dauernde Abhängigkeit von einem Oberstaat begründen, in einer Minderung der Rechtsfähigkeit Ausdruck finden. Offenbar steht den deutschen Einzelstaaten, da sie keinen Krieg führen und keinen Frieden schließen können und nur in engen Grenzen dem Auslande gegenüber das aktive und passive Gesandtschaftsrecht und die Vertragsfreiheit besitzen, nur eine unvollkommene völkerrechtliche Rechtsfähigkeit zu. Andererseits läßt sich auch den Gliedstaaten der amerikanischen Bundesrepubliken und den Kantonen der Schweiz die völkerrechtliche Persönlichkeit nicht einfach absprechen, da sie mindestens untereinander gleich den deutschen Einzelstaaten nach Völkerrecht leben[1]). Völkerrechtliche Abhängigkeitsverhältnisse lassen

[1]) Hinsichtlich der Schweiz vgl. die eingehende Darstellung in der Zürcher Dissertation von A. Bolle, Das interkantonale Recht. Die völkerrechtlichen Beziehungen der Kantone der Eidgenossenschaft unter sich. La Chaux-de-Fonds, 1907.

zwar die Rechtsfähigkeit grundsätzlich unberührt, können aber die Handlungsfähigkeit des abhängigen Staats in größerem oder geringerem Umfange beschränken und möglicherweise ganz aufheben.

In besonders hohem Grade wird das Völkerrecht gleich dem Staatsrecht vom Fluß der Geschichte ergriffen. Es ist nicht nur fortgesetztem Wandel seiner Einrichtungen aussetzt, sondern wird durch die staatlichen Um- und Neubildungen auch beständig zur Revision seiner Grundbegriffe genötigt. So wenig die in der Neuzeit erwachsenen Theorien, wenn sie ihre Konstruktionen in die Vergangenheit hineintragen, ein Verständnis der nationalen und internationalen Rechtsverhältnisse des Altertums und des Mittelalters ermöglichen, so wenig können sie, wenn sie in den einmal angenommenen Dogmen versteinern, den neuen Erscheinungen der Gegenwart gerecht werden oder der künftigen Rechtsentwicklung die Bahnen vorschreiben. Wie viele einst gläubig hingenommene „herrschende Lehren" hat schon bisher die ihnen widersprechende Neugestaltung der staatlichen Daseinsformen über den Haufen geworfen! Die Gründung des deutschen Reichs hat alle älteren Bundesstaatstheorien endgültig entthront. Man denke auch an die Schicksale der Souveränitätslehre oder der Lehre von der Gewaltenteilung. Es läßt sich unschwer voraussehen, daß die ungeheure Umwälzung der Weltverhältnisse durch den jetzigen Krieg Neubildungen der einen oder der anderen Art hervorrufen wird, die auch das Völkerrecht zwingen, unhaltbar gewordene Doktrinen über Bord zu werfen und neue Wege einzuschlagen.

Wir aber wollen jedenfalls uns so wenig durch die völkerrechtlichen Axiome, wie durch die Trugbilder der demokratischen, weltbürgerlichen und pazifistischen Doktrinen abhalten lassen, das durch unsere Bedürfnisse und Interessen Gebotene, soweit es an uns liegt, zu verwirklichen. In zielbewußter Verfolgung unseres Weges wollen wir über solche imaginären Hindernisse nicht stolpern. Brauchen wir neue Rechtsformen, so wollen wir sie schaffen, mögen sie immerhin die überkommene Schablone sprengen.

X.

Dies wollen wir vor allem beherzigen, wenn wir an die schicksalsschwere Frage herantreten, was mit den beim Friedensschluß in unserer oder unserer Verbündeten Gewalt befindlichen feindlichen Gebieten geschehen soll.

Noch ist es freilich nicht an der Zeit, uns in dieser Frage, die von Anfang an im Vordergrunde der Diskussion über die Kriegsziele gestanden hat, endgültig auf bestimmte Forderungen festzulegen. Es hängt von unvorhersehbaren Umständen ab, was wir erreichen können, aber auch, was wir innerhalb der dadurch gezogenen Grenzen anzustreben haben. Nur die allgemeinen Richtungslinien sind uns durch das Ziel unserer Daseinsbehauptung, wenn sie in dem eben dargelegten Sinne verstanden wird, unverrückbar vorgezeichnet.

Wohl aber scheint es mir schon heute angezeigt, die nach Lage der Dinge möglichen Lösungen vorbereitend zu erörtern. Denn es ist von Wichtigkeit, daß im Augenblicke der Entscheidung möglichste Klarheit über die Bedeutung der verschiedenen in Betracht kommenden Lösungen in ihrer konkreten Ausgestaltung besteht. Hierzu bedarf es der Beleuchtung der Einzelfragen unter den mancherlei für ihre Beantwortung erheblichen Gesichtspunkten, wie sie nur das mühevolle Zusammenarbeiten vieler sachkundiger Männer schaffen kann. Somit mag auch eine vom juristischen Standpunkt aus unternommene nähere Erwägung der staats- und völkerrechtlichen Formen, zwischen denen wir bei der Verfügung über die eroberten Länder und Landesteile zu wählen haben werden, einen nützlichen Beitrag zum großen Werke liefern.

Dabei soll einerseits die theoretische Grundlage, andererseits die praktische Brauchbarkeit der verschiedenen möglichen Lösungen in Ansehung der einzelnen okkupierten Gebiete geprüft werden.

Überall handelt es sich um Gebiete, die durch Eroberung ihrer bisher zu Recht bestehenden Staatsgewalt tatsächlich entzogen sind. Ihr künftiges staatsrechtliches Schicksal hängt davon ab, inwieweit der damit geschaffene Besitzzustand dem alten Rechtszustand wieder weichen oder in einen neuen Rechtszustand übergeführt werden soll. An sich ist ein dreifaches Verfahren möglich: „Wiederherstellung" des früheren staatsrechtlichen Zustandes, Aufhebung desselben durch „Eingliederung" des fremden Gebietes in den eigenen Staat oder bloße Veränderung desselben durch neue Einrichtungen, die einen fortbestehenden oder neu begründeten fremden Staat im Machtbereiche des Erobererstaats festhalten und ihrer Wirkung nach als „Angliederung" bezeichnet werden können. Jede dieser Verfahrensarten aber bietet wieder für sehr ungleiche Unterarten der Durchführung Raum. Wir wollen die drei Möglichkeiten nebst ihren Nuancierungen zunächst gesondert betrachten.

XI.

Denkbar ist es natürlich, daß wir den Weg der Wiederherstellung, der Restauration, beschreiten. Wir können besetzte Gebietsteile wieder herausgeben und entsetzte Staatsgewalten wieder einsetzen. Allein in erheblichem Umfange ist dies eben, wenn wir unsere eigene Zukunft sichern wollen, ausgeschlossen. Daß wir Polen nicht wieder an Rußland ausliefern werden, haben wir bereits durch bindende Zusage feierlich kundgemacht. Aber auch andere fremdstämmige Provinzen, die wir einmal der moskowitischen Herrschaft entrissen haben, dürfen wir dem kraft seiner inneren Natur alles Eigenleben anderer Völker unterdrückenden Reich, in welcher Gestalt immer es aus der gegenwärtigen Umwälzung hervorgehen mag, nicht zurückstellen. Für Kurland verbietet uns das die deutsche Ehre. Gelingt uns, wie wir noch immer hoffen, auch die Befreiung Livlands und Esthlands, so haben wir die gleiche Ehrenschuld gegen das baltische Deutschtum bis hin zum Peipussee zu erfüllen. Daß wir, wenn Polen und Kurland vom russischen Reiche getrennt werden, unter keinen Umständen das litauische Zwischenland wieder in russische Hand legen dürfen, lehrt jeder Blick auf die Landkarte. Nicht minder unvereinbar aber mit den Zielen, für die wir kämpfen, ist im Südosten die Wiederherstellung der eroberten Balkankönigreiche in ihrem früheren staatlichen Bestande. Denn hier decken sich unsere Lebensinteressen mit denen unserer Bundesgenossen und fordern die Sicherung des gemeinsam angestrebten mitteleuropäischen Verbandes, der die Unantastbarkeit der östlichen Vormachtstellung von Österreich-Ungarn, der zentralen Balkanstellung von Bulgarien und der Herrschaft der Türkei in Konstantinopel zur Voraussetzung hat. Durch die restitutio in integrum der in russische Vasallenschaft verstrickten Serbenreiche und des verräterischen Rumänien die panslawistische Gefahr von neuem heraufzubeschwören und dem Drange Rußlands nach Byzanz die Bahn offenzuhalten, wäre eine unverantwortliche Torheit. Und vor allem ist in der am heißesten umstrittenen Schicksalsfrage dieses Krieges im deutschen Volke mehr und mehr die Überzeugung durchgedrungen, daß im Westen die einfache Wiederherstellung des verwelschten belgischen Staates in seiner Scheinneutralität gleichbedeutend mit der Einräumung eines kontinentalen Stützpunktes an unseren schlimmsten Feind und darum mit unserer Niederlage wäre.

Nun ließe sich ja freilich jede Zurückerstattung von Gebietsteilen und jede Wiedereinsetzung vertriebener Herrscher an Bedingungen knüpfen. Und eine bedingungslose Restauration wird uns wohl niemand, der einen „deutschen" Frieden erstrebt, ansinnen. Allein insofern solche Bedingungen lediglich in der Übernahme völkerrechtlicher Vertragspflichten bestehen, bleibt deren Einhaltung vom guten Willen der Verpflichteten abhängig. Denn ein Staat, dessen Souveränität keine Schmälerung erfährt, wird durch Verträge immer nur bis auf weiteres gebunden und kann unter Berufung auf die den völkerrechtlichen Verträgen immanente clausula rebus sic stantibus sich stets ihrer Erfüllung entziehen. Die Entscheidung darüber, ob ein Vertragsbruch vorliegt, ist zuletzt nackte Machtfrage. Soll der Handlungsfreiheit eines Staates eine wirkliche Rechtsschranke gezogen werden, so ist eben eine Beschränkung seiner Souveränetät durch eine mit

Zwangsgewalt ausgerüstete Herrschaftsmacht erforderlich. Ein papierenes völkerrechtliches Versprechen schafft, wie die geschichtliche Erfahrung lehrt, niemals „reale Garantien". Reale Gewähr für ein zugesagtes staatliches Verhalten bietet dem Staat, der es fordern darf, immer nur der Besitz unmittelbarer Macht über das fremde Gebiet. Mit einem privatrechtlichen Vergleich kann man sagen, daß im Völkerrecht nicht schon das Obligationenrecht, sondern erst das Sachenrecht die Kraft hat, voll gesicherte Rechtsverhältnisse zu begründen. Wir kommen darauf zurück.

XII.

Die zweite Möglichkeit ist die Eingliederung eroberter Gebiete in den siegreichen Staat. Man nennt sie „Annexion", übersieht aber vielfach, daß sie in sehr verschiedener Weise erfolgen kann.

Annexion im eigentlichen Sinne ist die Aneignung der vollen Staatsgewalt. Sie entzieht oder versagt dem einverleibten Gebiet jede staatsrechtliche wie völkerrechtliche Persönlichkeit. Im übrigen ist sie mit mannigfach abgestufter ungleicher Rechtsstellung des neu erworbenen Landes vereinbar. Sie kann dessen Gleichstellung mit dem bisherigen Staatsgebiet in Rechten und Pflichten herbeiführen, wie dies z. B. in den von Preußen im Jahre 1866 annektierten Gebieten mit der Einführung der preußischen Verfassung geschehen ist. Doch kann ihm auch bis auf weiteres oder wenigstens für eine bestimmte Übergangszeit die Stellung eines bloßen Untertanenlandes oder doch Minderbürgerlandes zugewiesen werden. Andererseits ist die Ausstattung des der eigenen Staatsgewalt entbehrenden neuen Staatsteiles mit den Rechten eines autonomen Selbstverwaltungkörpers möglich. Weitere Kombinationen ergeben sich bei der strengen Annexion, wenn sie ein zusammengesetzter Staat vollzieht. Das deutsche Reich könnte erobertes Land einem seiner Einzelstaaten mit dessen Zustimmung eingliedern und sich nur hier wie überall die Gesamtstaatsgewalt vorbehalten. Es könnte aber auch die volle Staatsgewalt sich selbst beilegen und ein neues Reichsland errichten. In ähnlicher Weise könnte in der Donaumonarchie neu erworbenes Gebiet einem der beiden unierten Staaten als besonderes Kronland oder als Teil eines bestehenden Kronlandes einverleibt, aber auch nach dem Vorbilde von Bosnien und der Herzegowina als ein gemeinsames Besitztum von Österreich und Ungarn dem Gesamtstaat eingefügt werden.

Unter den Begriff der Annexion fällt aber auch eine Einverleibung, bei der sich der siegreiche Staat nur eine Oberstaatsgewalt aneignet. Eine solche schwächere Form der Annexion liegt vor, wenn einem bisher souveränen Staate Staatsgewalt belassen, aber durch Unterwerfung unter eine übergeordnete Staatsgewalt die Souveränität entzogen wird. Dann besteht der besiegte Staat in seinen alten oder in veränderten Grenzen als Staat fort, wird aber dem Erobererstaat als ein abhängiges Glied eingefügt. In gleicher Weise kann natürlich ein von einem fremden Staatsgebiete losgerissener Gebietsteil als ein mit selbständiger Unterstaatsgewalt ausgerüsteter Staat konstituiert und als Gliedstaat der Oberstaatsgewalt des ihn in sich aufnehmenden größeren Verbandes unterworfen werden. So könnte beispielsweise das deutsche Reich seine Verfügungsmacht über erobertes Gebiet zur Errichtung eines neuen Einzelstaates gebrauchen. Und so ist in Österreich-Ungarn ernsthaft der Plan erwogen worden, das durch Galizien vergrößerte Polen als einen den beiden zum Gesamtstaat verbundenen Staaten ebenbürtigen dritten Staat zum Mitträger der Gemeinschaft zu erheben.

Nun werden sicherlich Annexionen irgendeiner Art sich aus einem für uns siegreichen Frieden ergeben. Ausgeschlossen ist nur durch die gemeinsame Entschließung des deutschen Reichs und Österreich-Ungarns jede Form der Annexion in Ansehung Kongreßpolens*). Im übrigen ist die Frage offen. Vermutlich

[1]) Die jüngst von Österreich-Ungarn abgegebene Erklärung, Rußland gegenüber auf jede Annexion verzichten zu wollen, ist für die hier erörterte Frage bedeutungslos, da Österreich-Ungarn kein in Betracht kommendes Objekt besitzt.

wird sich insoweit, als eine nicht allzu erhebliche Vorschiebung der deutschen Grenzen aus militärischen oder wirtschaftlichen Gründen (insbesondere auch behufs Gewinnung von Siedlungsland) erfolgt, die Annexion von Nachbargebieten trotz der aus den Nationalitätsverhältnissen zu erwartenden Schwierigkeiten als notwendig herausstellen. Dies gilt sowohl im Osten für Landstrecken, auf die das neue Königreich Polen keinen Anspruch hat, wie im Westen für das etwa von Frankreich abzutretende Gebiet. Auch die Donaumonarchie kann unschwer zur Annexion einzelner Teile der besiegten feindlichen Nachbarstaaten schreiten. Ohne weiteres wird zweifellos Bulgarien die ihm aus geschichtlichen und nationalen Gründen gebührenden Teile Serbiens und Rumäniens im Wege einfacher Annexion sich einschmelzen. Dagegen bestehen gewichtige Bedenken gegen die Annexion der in Besitz genommenen größeren Landkomplexe.

Nicht allzu schwer freilich sind sie zu überwinden, soweit sie sich gegen die Einverleibung Kurlands in den deutschen Staatsverband richten. Denn hier handelt es sich um Zurückgewinnung einer alten deutschen Siedlung, die alles ihrer deutschen Kultur verdankt und auch unter dem Drucke der Fremdherrschaft ihr Deutschtum bis heute treu gewahrt hat. Immerhin bleibt ernstlich zu erwägen, ob und wie im Rahmen des deutschen Verfassungsrechts die unbedingt erforderliche Vorherrschaft des Deutschtums gegenüber der fremdstämmigen Mehrheit der Bevölkerung gesichert werden kann. Wird Kurland eine preußische Provinz, so muß entweder mit der Einführung der preußischen und somit zugleich der Reichsverfassung die Gefahr einer lettischen Überflutung des baltischen Deutschtums heraufbeschworen oder aber durch Suspension oder Abänderung von Verfassungsbestimmungen ein unbefriedigender Ausnahmezustand geschaffen werden. Gewährt man Kurland (was ja auch in Form einer Personalunion mit Preußen denkbar wäre) eigene Staatlichkeit, so ließe sich seine innere Verfassung im Sinne einer modernisierten ständischen Ordnung auf geschichtlicher Grundlage angemessen ausgestalten, bliebe jedoch in Ansehung der Teilnahme am Reichsleben dieselbe Verfassungsschwierigkeit zu lösen. Es ist klar, daß derartige Bedenken gegen die Annexion in erhöhtem Maße Platz greifen müssen, falls die Verfügung über das Schicksal der anderen deutschbaltischen Provinzen in unsere Hand fällt.

Die Einverleibung von Litauen, wo wir uns nicht auf eine starke deutsche Oberschicht stützen können, würde noch reiflichere Überlegung fordern.

Die ernstesten Bedenken aber erweckt, soviel sich unter dem Gesichtspunkte der unbedingten Sicherstellung unserer Zukunft für sie sagen läßt, die Annexion Belgiens[1]). Denn eine geeignete Form für die Einfügung des bisher souveränen Staatsgebietes in das Deutsche Reich läßt sich kaum finden. Die Zuteilung an einen deutschen Einzelstaat oder die Verteilung unter mehrere Einzelstaaten hätte schon mit den Regungen der Eifersucht im Verhältnis der Staaten zueinander zu rechnen. Vor allem aber würde sie uns vor die Alternative stellen, entweder durch die Gewährung des vollen Staats- und Reichsbürgerrechts an eine großenteils feindselig gesonnene oder doch unerprobte Bevölkerung von mehr als sieben Millionen den festen Bau unseres nationalen Gemeinwesens zu gefährden oder aber durch Versagung der politischen Gleichberechtigung in den neu erworbenen Landesteilen einen nur mit Unwillen ertragenen, zu ruheloser Agitation reizenden und auf die Dauer unhaltbaren Zustand zu schaffen. In das gleiche Dilemma aber, wennschon mit Verschiebung der Einzelprobleme, würden wir geraten, wenn Belgien dem Deutschen Reiche als besonderer Einzelstaat eingegliedert würde. Daran würde es auch wenig ändern, wenn wir den schlechthin notwendigen Trennungsschnitt zwischen den durch eine staatliche Mißbildung verkoppelten germanischen und welschen Landesteilen vornähmen und etwa nur Flandern als selbständigen Gliedstaat dem Reiche einfügten. Am leichtesten durchführbar wäre die Umwandlung Belgiens in ein unmittelbares Reichsland mit bloßer auf Zuwachs

[1]) Sie sind schon oft ausgesprochen und neuestens von E. Zitelmann in seiner unten zu besprechenden Denkschrift S. 21 ff. besonders klar und eindrucksvoll dargelegt.

angelegter Autonomie. Aber hiervor warnen die mit Elsaß-Lothringen gemachten Erfahrungen. Zumal die Aussichten auf einen günstigen Erfolg weit geringer wären als in dem Elsaß-Lothringer Präzedenzfalle. Denn damals handelte es sich um den Zusammenschluß einiger französischer Departements mit alter deutscher Vergangenheit und überwiegend deutscher Bevölkerung zu einem Gemeinwesen, dessen Begründung doch eine Daseinserhöhung der bisherigen unselbständigen Staatsteile bedeutete und dessen allmähliches Heranreifen zu immer freierer Selbstverwaltung sich erwarten ließ. Jetzt aber würde ein selbständiger Staat zu einer Provinz herabgesetzt werden, was von dem an eigenes staatliches Dasein gewöhnten Volke trotz gewährter oder in Aussicht gestellter Autonomie auf lange Zeit hinaus als Degradation empfunden werden würde.

Auch für die niedergeworfenen feindlichen Balkanstaaten kann die Frage aufgeworfen werden, ob ihre vollständige Eingliederung in einen Erobererstaat, der hier nur Österreich-Ungarn sein könnte, mittels irgendeiner Form von Annexion anzustreben ist. Die größere Wahrscheinlichkeit spricht dafür, daß Serbien und Montenegro zwar Gebietsverluste erleiden, aber nicht aus der Reihe der Staaten verschwinden werden; vielleicht wird ein durch ihre Vereinigung begründetes serbisches Königreich entstehen. Sicher ist jedenfalls mit dem Fortbestande Rumäniens zu rechnen.

XIII.

Verzichten wir auf Annexionen größeren Stils, so wird es um so wichtiger, die dritte Möglichkeit zu erwägen, die in der bloßen Angliederung besetzter Nachbarländer besteht. Denn sie bietet dann den einzigen Weg zur Erreichung des uns durch unsere Lebensnotwendigkeiten gesteckten Zieles! Wir hätten dann also zwar die wiederhergestellten oder neu begründeten Nachbarstaaten als Träger einer eigenen und alleinigen Staatsgewalt anzuerkennen, müßten sie aber in ein Abhängigkeitsverhältnis versetzen, durch das sie in ihrem souveränen Fürsichsein beschränkt und in unserem Machtbereich festgehalten werden.

In weiten Kreisen des deutschen Volkes hat sich bereits die Überzeugung Bahn gebrochen, daß die beste Lösung des schwierigen Problems in dieser Richtung zu suchen ist. Auch die große Mehrzahl der von den Schwachmütigen als „Annexionisten" verschrienen Vorkämpfer einer deutschen Machterweiterung begnügt sich mit dem Verlangen einer „Angliederung" der in unsere Gewalt gegebenen Gebiete, sofern nur die auf ihnen errichtete staatliche Selbstherrschaft solchen Einschränkungen unterworfen wird, die uns das zu unserer Sicherung erforderliche Maß dauernder Oberherrschaft tatsächlich verschaffen und durch fest geordnete Institutionen wirksam verbürgen. Es fragt sich nur, welche Rechtsform geeignet ist, diesen Gedanken zu verkörpern.

Die Geschichte zeigt uns von jeher Abhängigkeitsverhältnisse minder mächtiger Staaten von mächtigeren Staaten. Allein die ehemaligen Rechtsformen, in die sich die Abhängigkeit kleidete, sind zum großen Teil verschwunden oder nur in kümmerlichen Resten erhalten. Vor allem gehört die lange Zeit vorherrschende Form des Vasallenstaats, in der das Lehnswesen seine höchste Blüte hervortrieb, einer überwundenen Entwicklungsstufe an. Sie mag bei den indischen Vasallenfürstentümern Englands ihr Leben fristen. Mit den modernen europäischen Rechtsanschauungen ist sie unvereinbar, weil sie auf ein rein persönliches Band zwischen Herrschern berechnet ist, den Mangel einer ausgebildeten Staatspersönlichkeit voraussetzt und staats- und völkerrechtliche Beziehungen ununterscheidbar vermischt. Im Altertum und auch später wurde die ständige Abhängigkeit von Staaten oft in die Form eines Bündnisses mit dem Vormachtstaat gekleidet. Der weite Rahmen des Bündnisbegriffes hat ja auch für Staatenverbindungen mit sehr ungleicher Stellung der Bundesgenossen Raum. Bekannt ist der umfassende Gebrauch, den die Römer beim Aufbau ihres Weltreiches von der Rechtsform der Föderation machten, und die dabei von ihnen vollzogene systematische Ausprägung der Kategorie des „foedus iniquum". Allein wenn auch die neuere völkerrechtliche Theorie zeitweise einen besonderen Gattungsbegriff des „foedus inaequale" aufstellte, so hat er sich als technischer völkerrechtlicher Begriff nicht durchgesetzt und ist jedenfalls wegen seiner Unbestimmtheit zur Wiederbelebung nicht geeignet. Suchen wir eine geschichtliche Anknüpfung, so kommt lediglich die in neuerer Zeit praktisch verwirklichte und theoretisch fest abgegrenzte Rechtsform des völkerrechtlichen Protektorats in Betracht[1]). Denn hier finden wir den wissenschaftlich ausgebauten Begriff einer Staatenverbindung, die keinerlei staatsrechtliche Gemeinschaft schafft, wohl aber ein völkerrechtliches Gemeinschaftsverhältnis begründet, kraft dessen eine mächtigerer Staat den Schutz eines minder mächtigen Staates übernimmt und dafür den beschützten Staat in seiner Handlungsfähigkeit beschränkt.

Aber nur an den allgemeinen Gedanken des Protektorats können wir anknüpfen. Irgendein Vorbild für die von uns zu erstrebende Neuordnung können wir der bunten Schar der bisher unter diesem Namen zusammengefaßten geschichtlichen Gebilde nicht entnehmen. Die Völkerrechtslehre behandelte sie mit unverhohlener Mißgunst. Durchlöcherten sie doch das Dogma von der Gleichheit der Staaten, stellten sie doch die Souveränität als Kennzeichen des Staates in Frage, drängten sie doch zu der Fortpflanzung des gleichzeitig als unlogisch verurteilten Begriffes der Halbsouveränetät! Die Theorie tröstete sich über diese Unstimmigkeiten mit dem Argument, daß das völkerrechtliche Protektorat eben nur eine anomale Erscheinung, eine bloße Übergangsform, ein auf die Dauer unhaltbares Zwittergebilde sei. Und die geschichtliche Erfahrung schien ihr recht zu geben. Die im Laufe des neunzehnten Jahrhunderts entstandenen Staatenverbindungen, die als völkerrechtliche Protektorate bezeichnet wurden, haben eine geringe Lebensfähigkeit gezeigt und größtenteils

---

[1]) Eine umfassende systematische Darstellung hat ihm P. Heilborn gewidmet: Das völkerrechtliche Protektorat, 1891. Dazu vgl. jetzt die Ausführungen desselben Verfassers in der Enzyklopädie von Holtzendorff-Kohler ⁷ V 501 ff. Aus der älteren Literatur sind namentlich anzuführen: G. Jellinek, Die Lehre von den Staatenverbindungen, 1882, S. 125 ff.; S. Brie, Theorie der Staatenverbindungen, 1886, p. XXVIII sq.

sich sehr bald als verfehlte Experimente erwiesen. In welcher von ihnen könnten wir denn auch ein für die von uns angestrebte Neuordnung wertvolles Vorbild finden? Innerhalb Europas können überhaupt nur die im Jahre 1815 geschaffenen Protektorate der drei osteuropäischen Großmächte über den Freistaat Krakau und Englands über die ionischen Inseln, von denen jenes bis 1845, dieses bis 1863 bestanden hat, in Betracht kommen. Niemand wird im Ernst an ihre Vorbildlichkeit glauben. Noch weniger aber können die ehemaligen oder noch bestehenden überseeischen Protektorate europäischer Staaten, wie etwa das Protektorat Englands über die Burenstaaten, Zanzibar und die Staaten auf Borneo, Frankreichs über Kambodscha, Annam, Tunis und Madagaskar, Italiens über Abessinien, das einstige Kollektivprotektorat des Deutschen Reichs, Englands und Amerikas über Samoa usw., mit irgendeinem Nutzen bei der Ausgestaltung der künftigen europäischen Friedensordnung verwertet werden. Geschweige denn die neuesten amerikanischen Schutzherrschaften über Kuba oder Portoriko. Die Machtlagen, denen diese und zahlreiche andere Schutzverträge Ausdruck gaben oder geben, und die politischen Bedürfnisse, die sie zu befriedigen suchten oder suchen, sind eben von den Machtlagen und Bedürfnissen, die der gegenwärtige Weltkrieg schaffen wird, so grundverschieden, daß es undenkbar ist, ihnen Fingerzeige für die zweckmäßige Ordnung unseres Verhältnisses zu unseren Nachbarländern zu entlocken. Wollen wir den Gedanken des völkerrechtlichen Protektorats einem Nachbarlande gegenüber so ausgestalten, daß ihm ein selbständiges staatliches Dasein unter unserem mächtigen Schutz, uns aber die erforderliche Macht über unseren Schützling rechtlich gewährleistet wird, so sind wir darauf angewiesen, neuen Wein in alte Schläuche zu füllen.

Es gilt eben, *neue Rechtsformen* zu schaffen, die den Grundgedanken eines völkerrechtlichen Schutzverbandes in der durch unsere Friedensziele gebotenen Weise den obwaltenden Umständen gemäß ausprägen und entfalten. Wir erstreben einen wirklichen Rechtszustand. Die schnöden völkerrechtsfeindlichen Mittel, mit denen namentlich Großbritannien es zuwege bringt, fremde Staaten in sklavische Abhängigkeit hineinzuzwingen, ohne ihnen den Schein der rechtlichen Selbständigkeit zu entziehen — man denke z. B. an Portugal —, verschmähen wir. Begründen wir einen Schutzverband, so wollen wir ihn als ein festes gegenseitiges Rechtsverhältnis, das dauernden Bestand verspricht, ausgestalten. Wir wollen uns die schweren Pflichten, die mit der Stellung einer Schutzmacht verknüpft sind, als unverbrüchliche Rechtspflichten aufladen und sie ehrlich erfüllen. Wir wollen aber auch die uns zu unserer eigenen Sicherung vorzubehaltende Macht in unantastbaren Rechten festlegen und die erforderlichen Einschränkungen der Macht des beschützten Staates als unübersteigliche Rechtsschranken aufrichten.

Um die Tauglichkeit der Rechtsform des Schutzverbandes für unsere Zwecke zu prüfen, müssen wir uns das rechtliche Wesen eines solchen klarzumachen suchen. Wir müssen einerseits erkennen, was sein Begriff verlangt und was er ausschließt. Wir haben aber andererseits uns zu vergegenwärtigen, welche überaus ungleichen Möglichkeiten des Inhaltes und des Umfanges der Staatenverbundenheit dieser Begriff eröffnet.

Seinem Begriffe nach ist der Schutzverband notwendig ein völkerrechtliches Verhältnis. Immer läßt er die staatsrechtliche Geschlossenheit der verbundenen Staaten unberührt. Aber er ist kein bloßes völkerrechtliches Vertragsband. Vielmehr begründet er eine auch Dritten gegenüber wirksame ständige Verbundenheit zwischen Staat und Staat. Denn er schafft ein organisiertes völkerrechtliches Machtverhältnis, das den Staaten eine ungleiche Rechtsstellung im internationalen Verkehr zuweist. Der Beschützerstaat empfängt eine Erweiterung seiner Rechtsstellung durch Herrschaftsbefugnisse über fremdes Gebiet. Der beschützte Staat erleidet eine Minderung seiner Rechtsstellung durch Einschränkungen seiner Souveränität. Zwar bleibt er auf seinem Gebiet das Subjekt souveräner Gewalt nach innen und nach außen. Aber nur der Substanz nach steht ihm Souveränität zu, während er hinsichtlich der Ausübung seiner Hoheitsrechte fremder Willensmacht unterworfen ist. Seine Rechtsfähigkeit erfährt keine Einbuße, seine Handlungsfähigkeit ist beschränkt.

Diese Beschränkung kann von sehr verschiedener Stärke sein. Sie kann von der Versagung einzelner Befugnisse bis zur vollen Entmündigung gehen. Schon die Auferlegung einer Staatsdienstbarkeit, die doch unzweifelhaft dem mit ihr belasteten Staat die Substanz der Souveränität so wenig entzieht, wie eine privatrechtliche Grunddienstbarkeit das Eigentum, errichtet ja eine Souveränitätsschranke, indem der belastete Staat die Ausübung eines Hoheitsrechts (z. B. der Anlage einer Festung) unterlassen oder einen Eingriff des berechtigten Staates in seine Gebietshoheit (z. B. die Benutzung einer Etappenstraße zum Truppenmarsch) dulden muß. Das völkerrechtliche Schutzverhältnis aber begründet ein ganzes System solcher absolut wirkenden Beschränkungen der an sich dem abhängigen Staate zustehenden Souveränität, deren einheitliche Quelle die dauernde ungleiche Staatenverbindung ist.

Im einzelnen kann sich das Abhängigkeitverhältnis des beschützten Staats von der Schutzmacht auf den verschiedenen Gebieten des Staatslebens in mannigfach abgestuften Beschränkungen äußern. Vor allem kann ihm die Handlungsfreiheit gegenüber dritten Staaten, das selbständige Recht der Kriegserklärung und des Friedensschlusses, des diplomatischen Verkehrs und der völkerrechtlichen Vertragsschlüsse, ganz oder teilweise entzogen sein. Es ist möglich, daß er bei völkerrechtlichen Akten überhaupt oder doch in bestimmtem Umfange vom Beschützerstaat vertreten wird, aber auch möglich, daß er sie nur nicht ohne Zustimmung des Beschützerstaats rechtswirksam vornehmen kann oder wenigstens einem Aufsichts- oder Einspruchsrecht desselben unterliegt. Sodann kann die Ausübung der Militärhoheit ganz oder teilweise in die Hand des Beschützerstaats gelegt oder der Kontrolle desselben unterstellt sein. Dem abhängigen Staat kann die Unterhaltung eines eigenen Heeres oder eines eine bestimmte Truppenzahl übersteigenden Heeres, die Anlegung von Festungen und Kriegshäfen, die Abgabe militärischer Kräfte an das Ausland untersagt sein, während der Beschützerstaat in dessen Gebiet Besatzungen unterhalten, Festungen und Seehäfen für militärische Zwecke benutzen, im Bedürfnisfalle und insbesondere bei Kriegsgefahr auch Staatsangehörige für den Dienst im Heer oder in der Flotte ausheben und sachliche Militärlasten auferlegen darf. Der Beschützerstaat kann sich aber auch mit einem Aufsichtsrecht über eine dem beschützten Staat belassene eigene Heeresverwaltung, mit Sicherungsmaßregeln für die Beobachtung von Vereinbarungen über die Heeresorganisation und die Verwendung von Truppen, mit Einschränkungen der Kommandogewalt durch Besetzung von Befehlshaberstellen oder Einflußnahme auf deren Besetzung und etwa auch durch den für den Kriegsfall ihm zufallenden Oberbefehl begnügen. Im Bereiche des wirtschaftlichen Lebens kann der Beschützerstaat das Verkehrswesen in dem zur Sicherung seiner Interessen gebotenen Umfange vergemeinschaften, die Verwaltung der Eisenbahnen und Wasserstraßen an bestimmte Regeln binden und deren Einhaltung überwachen, aber auch sich selbst das Recht auf Anlage und Verwaltung von Eisenbahnen und Kanälen vorbehalten. In ähnlicher Weise ist eine Bindung der Handels- und Gewerbepolitik des beschützten Staats durch Unterwerfung unter negative und positive Machtbefugnisse des beschützenden Staats, eine Vereinheitlichung des Zollwesens, des Münzwesens usw. unter Einräumung der leitenden Stellung an die Vormacht möglich. Die völkerrechtliche Vereinbarung, die das Schutzverhältnis begründet, setzt die Anerkennung eines mit eigener Verfassung begabten Staates voraus, der die Funktionen der Gesetzgebung, der Verwaltung und der Rechtsprechung seinen Angehörigen gegenüber auszuüben hat und in seinem inneren Leben grundsätzlich frei ist. Allein zunächst kann sowohl die Herrschaftsform wie das räumliche Gebiet des Staates, mit dem die völkerrechtliche Vereinbarung getroffen wird, verfassungsmäßig festgelegt werden. Sodann sind alle völkerrechtlichen Bindungen des abhängigen Staates der Aufnahme in seine Verfassung fähig und erlangen damit zugleich die Kraft staatsrechtlicher Schranken. Endlich versteht es sich von selbst, daß die einseitige Abänderung der im

Interesse des beschützenden Staates getroffenen Verfassungsbestimmungen dem beschützten Staat versagt sein muß.

Eine um so stärkere Ausgestaltung die Schutzmacht erfährt, desto intensiver wird auch die vom Wesen des Protektionsverhältnisses untrennbare Schutzpflicht ausgeprägt sein. Denn die Gerechtigkeit verlangt hier wie überall, daß den Rechten Pflichten entsprechen. Der Anspruch auf Protektion durch den mächtigeren Staat bildet für den schwächeren Staat das Äquivalent, das er für die hingegebene Bewegungsfreiheit empfängt. Indem jener sich ihm verpflichtet, seine Rechte und Interessen gleich den eigenen zu behüten, sein Gebiet gleich dem eigenen zu verteidigen, durchweg Treue mit Treue zu vergelten, gewinnt er an Sicherheit, was er an Macht einbüßt. Und in dem Maße, in dem einerseits seine Machtmittel zur Selbstbehauptung nicht ausreichen, andererseits ihm die für diesen Zweck bereitstehenden Machtmittel des Protektorstaates vermöge ihrer Unüberwindlichkeit dauernde Gewähr leisten, kann die Staatenverbindung, auch wenn sie ursprünglich auf äußerem Zwang beruht, sich gefühlsmäßig einleben und ein inneres Zusammenwachsen der ungleichen Genossen herbeiführen.

XIV.

Endet der Weltkrieg mit einem für uns siegreichen Frieden, so bleibt vor allem in der belgischen Frage, falls von der Eingliederung Belgiens in das Deutsche Reich abgesehen wird, kaum eine andere Lösung übrig, als die Angliederung Belgiens an unser Reich in der Form eines völkerrechtlichen Schutzverbandes.

Mit der bloß obligationenrechtlichen Bindung des wiederhergestellten Belgiens an die im Friedensvertrage ihm auferlegten Bedingungen dürfen wir uns aus den oben angegebenen Gründen keinesfalls begnügen. Die allseitig als unerläßlich erkannten „realen Garantien" würden wir nur insoweit erlangen, als wir durch fortdauernden Pfandbesitz an okkupierten Landesteilen gesichert blieben. Das aber wäre nur als ein Übergangszustand denkbar, der lange Zeit währen mag, immer jedoch eine teilweise

Fortsetzung des Krieges bedeuten würde und schließlich dem endgültigen Frieden weichen müßte.

Es liegt im beiderseitigen Interesse, den unvermeidlichen Übergangszustand nicht nur möglichst zu verkürzen, sondern auch von vornherein den künftigen definitiven Zustand festzustellen. Ist als solcher ein völkerrechtliches Vertragsverhältnis in Aussicht genommen, das der realen Sicherung entbehrt, so ist zu befürchten, daß alle uns feindlichen Bestrebungen nur vertagt werden, um nach dem Wegfall des kriegerischen Druckes wiederaufzuleben, sobald sich die Gelegenheit bietet.

Wir haben den ihrem Volkstum getreuen Flamen durch den Mund des Reichskanzlers zugesagt, daß wir nicht nur im Friedensvertrage die Erfüllung ihrer Wünsche ausbedingen, sondern auch im Frieden für die Erhaltung des damit geschaffenen Rechtszustandes sorgen wollen. Wie aber sollen wir sie gegen neue Verwelschung des öffentlichen Wesens schützen, wenn uns die reale Macht fehlt, um den Bruch der ihnen gemachten Versprechungen zu verhindern? Sollen wir um flämischer Beschwerden willen einen neuen Krieg führen, wie er notwendig war, um der vertragswidrigen Vergewaltigung der Deutschen in Schleswig ein Ende zu bereiten? Wenn wirklich Flanderns große germanische Vergangenheit wiederaufleben, wenn der alte niederdeutsche Tochterstamm den französischen Import in Sprache, Bildung und politischem Denken wieder ausscheiden und seine Eigenart frei entwickeln soll, so darf überhaupt das künstliche Staatsgebilde, das ihn mit den Wallonen verkettet, nicht fortbestehen. Eine bloße Verwaltungstrennung genügt nicht. Die Kette muß gesprengt, der geschichtswidrige Staat „Belgien" muß in zwei Staaten mit neuen Namen zerschlagen werden. Bleiben sie demselben Monarchen unterstellt, so darf doch das Band, das sie verknüpft, nicht über eine bloße Personalunion hinausgehen. Wird aber die staatsrechtliche Trennung durchgeführt, so muß das Deutsche Reich als Vormacht des Germanentums sie auch sichern und allen auf Wiedervereinigung hindrängenden Strömungen, die sicher wieder hervorbrechen und vom Auslande her reichlichen

Quellenzufluß beziehen werden, einen starken Damm entgegensetzen. Soll auch dieser Damm nur in papiernen völkerrechtlichen Abmachungen bestehen? Nein! Das Deutsche Reich ist es sich selbst schuldig, die reale Macht in der Hand zu behalten, um alles, was es um seiner eigenen Interessen willen zur Bedingung der Wiederherstellung belgischer Staatlichkeit macht, unmittelbar von sich aus zu verwirklichen und mit festem Griff zu behaupten. Darum muß es die Ausübung der den Staaten Flandern und Wallonien zugestandenen Staatsgewalt seiner militärischen und diplomatischen Suprematie unterstellen.

Wenn nicht alle Anzeichen trügen, hat sich die Überzeugung, daß die Neuordnung der staatlichen Verhältnisse Belgiens im Wege eines Schutzverbandes, der dem Deutschen Reiche eine kraftvolle Obergewalt sichert, zu erfolgen hat, mehr und mehr Bahn gebrochen. Auch über die Ausführung dieses Planes sind bei uns schon zahlreiche Erörterungen gepflogen. Drohte zunächst die Diskussion über das belgische Problem sich in dem Nebel allgemeiner Redensarten und Schlagworte zu verlieren, die den Kern der Sache verhüllen, so ist von den verschiedensten Seiten unter politischen, militärischen und wirtschaftlichen Gesichtspunkten bereits eine größere Klarheit geschaffen. Damit ist, worauf doch alles ankommt, die weltgeschichtliche Frage in das helle Licht der konkreten Gestaltgebung gerückt. Ich will nicht den Versuch machen, auf alle die wertvollen Beiträge hinzuweisen, die von sachkundigen Männern zur Lösung der schwierigen und verwickelten Einzelfragen in Schriften und Reden geliefert sind. Eine besonders eindringliche, zusammenfassende Behandlung der Frage im ganzen findet sich jetzt in dem ausgezeichneten Buche von Erich Brandenburg: Deutschlands Kriegsziele, Leipzig 1917. Er bespricht vom Standpunkte des politischen Historikers aus zunächst den Gedanken der „Schutzgebiete“ überhaupt, die Notwendigkeit unserer Sicherung durch einen uns umgebenden Wall von abhängigen Staaten im Westen und Osten und die allgemeinen Grundzüge der geplanten neuen Einrichtungen (S. 56ff.), prüft dann aber genauer die Anwendbarkeit der im Rahmen eines Schutzverhältnisses möglichen Bestimmungen in den einzelnen Nachbarländern und gelangt für jedes derselben zu wohlerwogenen besonderen Vorschlägen, die den überaus verschiedenartigen gegebenen Umständen Rechnung tragen (S. 61 ff.). Dabei tritt er in Ansehung Belgiens mit Entschiedenheit für die Zerlegung in zwei gesonderte Staaten als Voraussetzung einer gesunden Neuordnung ein. Beachtenswert ist auch der jüngst von Busch in seiner am 5. Mai 1917 in der Mitgliederversammlung des Unabhängigen Ausschusses für einen deutschen Frieden gehaltene Rede auf Grund einer Anregung von Triepel ausgesprochene Gedanke, daß wir in gewissem Umfange die Februarbedingungen von 1865, an die Bismarck die Zustimmung zur Errichtung eines selbständigen Staates Schleswig-Holstein knüpfen wollte, als Vorgang für die Bedingungen der Anerkennung des künftigen Fortbestandes belgischer Staatlichkeit verwerten können. Das größte Verdienst aber um die Klärung der belgischen Frage hat sich Ernst Zitelmann mit seiner Denkschrift über „das Schicksal Belgiens beim Friedensschluß" erworben, die zwar schon 1915 und noch einmal mit Erweiterungen 1916 als Handschrift gedruckt und vertraulich verschickt worden, erst jetzt aber mit neuen Erweiterungen als dritte Auflage der breiten Öffentlichkeit übergeben ist. Auf sie will ich hier ausführlicher eingehen, weil sie vom Standpunkte des Juristen aus geschrieben ist und darum für die im übrigen wenig beachtete, jedoch für die praktische Verwirklichung unserer Friedensziele überaus wichtige Frage des Rechtsgewandes der erstrebten staatlichen Neuordnung eine hohe Bedeutung hat. Nicht als ob sie sich der politischen Erwägungen enthielte. Im Gegenteil! Solche bilden, da Zitelmann die Machtverhältnisse als Voraussetzung und Richtungsziel jeder staats- und völkerrechtlichen Umgestaltung erkennt, die Grundlage seiner rechtspolitischen Erörterungen. Die vortreffliche Schrift verbindet mit juristischem Scharfsinn tiefen politischen Blick. Allein zur Hauptaufgabe setzt sie sich die streng juristische Formulierung der für die Durchführung der als notwendig begriffenen Neuordnung geeigneten Rechtseinrichtungen.

Auch Zitelmann gelangt nach eingehender Abwägung aller sich bietenden Möglichkeiten zu dem Ergebnis, daß sich für die Regelung unseres künftigen Verhältnisses zu Belgien am meisten die Begründung eines völkerrechtlichen Schutzverbandes empfiehlt. Für die Ausgestaltung desselben macht er ausführlich begründete und bis ins einzelne durchgearbeitete positive Vorschläge. Auf fester theoretischer Grundlage fußend, entwirft er einen praktischen Bauplan, dessen Ausführbarkeit einleuchtet. Den Prüfstein hierfür bildet das Gelingen seines Versuches, den wesentlichen Inhalt seiner Vorschläge in scharf geschliffene Artikel eines völkerrechtlichen Vertrages, den er als „Bündnisvertrag" bezeichnet, zu fassen (S. 69—77). Die Verwirklichung derselben würde das Ziel, dem Deutschen Reiche die tatsächliche Macht zur Wahrung der deutschen Interessen trotz Wiederherstellung einer belgischen Staatsgewalt dauernd zu sichern, zweifellos erreichen. Andererseits bemüht sich Zitelmann, die Selbständigkeit des wiederaufgerichteten Staates, soweit sie sich mit den deutschen Interessen verträgt, tunlichst zu schonen. Er will nach Möglichkeit die Kontinuität des zukünftigen Rechtszustandes mit dem bisherigen Rechtszustande, der ja durch die kriegerische Besitznahme als solcher noch nicht beseitigt ist, wahren.

Von dieser Tendenz sind insbesondere seine auf die Art des Zustandekommens der neuen Ordnung gerichteten Vorschläge beherrscht. Am liebsten sähe er es, wenn die neue Ordnung durch einen mit den legitimen Organen des depossedierten Staates vereinbarten Friedensschluß festgesetzt und die entsprechende staatsrechtliche Organisation auf dem in der geltenden belgischen Verfassung vorgesehenen Wege als Verfassungsänderung eingeführt würde. Doch nimmt er für den Fall des Scheiterns dieses Planes ein anderes Verfahren in Aussicht, da das Deutsche Reich von seinem Eroberungsrecht Gebrauch machen und einseitig an Stelle des bisherigen Staates einen neuen Staat begründen kann, dessen Lebensbedingungen es bestimmt und in einer verliehenen Verfassung fixiert. Er will sogar den belgischen Thron dem feindlichen Könige und, wenn dieser aus persönlichen Gründen verzichtet, seinem Hause offenhalten, für den Fall aber, daß der Widerstand des Königs die Thronentsetzung unvermeidlich macht, zunächst den belgischen Kammern anheimstellen, ob sie nach Anerkennung der Thronentsetzung das ihnen nunmehr nach der geltenden belgischen Verfassung zustehende Recht der Wahl eines Regenten ausüben oder sofort eine Verfassungsänderung beschließen und auf diesem Wege zur republikanischen Staatsform übergehen wollen. Nur wenn die Kammern die Thronentsetzung als rechtswirksam anzuerkennen verweigern, soll Deutschland, da ihm ein formeller Friedensschluß sei es mit einem Regenten oder sei es mit einer Republik unmöglich gemacht wird, von sich aus die Staatsform festsetzen. Dabei hätte es dann auch seinerseits zwischen monarchischer und republikanischer Staatsform zu wählen. Wegen der Bedenken, die bei der Entscheidung für die Monarchie gegen die dazu erforderliche Einsetzung eines aufgedrungenen Königs sprechen, gibt Zitelmann der Republik den Vorzug.

Wer die innere Macht des Rechtes in allem menschlichen Gemeinleben gebührend einschätzt, wird dem Bestreben, auch bei der gewaltigsten Umgestaltung überlebter staatlicher Rechtszustände womöglich den Bruch des formalen Rechtes zu vermeiden, Beifall zollen. So wird namentlich der rechtstreue Jurist dem Versuche Zitelmanns, das Prinzip der Legitimität hochzuhalten, sympathisch gegenüberstehen, während mancher Andere, der von dem Wesen der Rechtsidee nichts weiß und das Recht nur als äußeren Zwangsapparat wertet, achselzuckend meinen wird, es handle sich dabei im Grunde doch nur um eine für die Sache gleichgültige Bemäntelung der Gewalt. Eine andere Frage ist, ob Zitelmann nicht die Aussichten, unter Wahrung der Rechtskontinuität sein Ziel zu erreichen, überschätzt. Meinerseits glaube ich nicht an die Möglichkeit einer Versöhnung mit der in den feindlichen Weltbund verstrickten Dynastie, wie sie doch für einen gedeihlichen Schutzverband mit uns erforderlich wäre, und habe auch die stärksten Bedenken gegen die Einführung einer republikanischen Verfassung in dem Nachbarstaat. Allein Zitelmann betont ja selbst, daß bei der bevorstehenden weltgeschichtlichen Rechtsumgestaltung der Wunsch nach formell legaler Überleitung des alten Rechts in das neue Recht nicht das letzte Wort zu sprechen hat und daß jedenfalls seine Erfüllung nicht mit irgendeinem Opfer an sachlich berechtigten deutschen Machtansprüchen erkauft werden darf. So gestaltet er denn auch den Inhalt, den er der neuen Ordnung geben will, unabhängig von der Form ihres Zustandekommens für jede Eventualität gleichmäßig aus.

Die Hauptvorschläge Zitelmanns sind im zweiten Teile der Denkschrift unter dem Gesichtspunkt des „Kriegszieles der Sicherung" formuliert. Getrennt davon bespricht er in einem kurzen dritten Teil das „Kriegsziel der Schadloshaltung" (S. 83ff.). Auf die sehr beachtenswerten Vorschläge, die er in letzterer Hinsicht auf Grund völkerrechtlicher und politischer Erwägungen in der Frage der Kriegsentschädigung und der damit zusammenhängenden Frage der Abtretung des Kongogebietes macht, soll hier nicht weiter eingegangen werden. Bei der Erörterung des Kriegszieles der Sicherung behandelt er, nachdem er in einem ersten Abschnitt (S. 20ff.) die Wege zum Ziel geprüft und die Vorzüge der bedingten Wiederherstellung belgischer Staatlichkeit vor den sonst denkbaren Wegen dargelegt hat, in zwei gesonderten Abschnitten (S. 30ff. und 77ff.) als die beiden zweckdienlichen Mittel „die Beschränkung der staatlichen Unabhängigkeit Belgiens" und „die Trennung der Flamen und Wallonen". Dem zweiten Mittel schreibt er eine nur sekundäre Bedeutung zu, faßt daher seine auf Verwirklichung des ersten Mittels gerichteten Vorschläge in eine Form, die den Fortbestand eines Einheitsstaats Belgien voraussetzt, und erklärt nur hinterher, daß im Falle einer Spaltung des Staatsgebietes diese Vorschläge in entsprechender Weise durchzuführen seien. Das Verfahren ist logisch unanfechtbar. Da aber der Verfasser selbst als die beste Lösung der Trennungsfrage die Zerlegung in zwei Staaten empfiehlt, die für den Fall der Wiedereinsetzung der Dynastie durch bloße Personalunion verbunden, in jedem anderen Falle schlechthin unverbunden sein sollen, so hätte er m. E. besser getan, den

Trennungsvorschlag voranzustellen, ihn bei der Fassung der Abhängigkeitsvorschläge zugrunde zu legen und erst nachträglich auszuführen, daß, falls die erwünschte volle staatliche Trennung nicht durchzusetzen ist, die für die beiden Staaten Flandern und Wallonien vorgesehenen Beschränkungen in gleicher Weise dem einheitlichen Staate Belgien aufzuerlegen sind. Damit hätte die Darstellung für die Mehrzahl der Leser an Verständlichkeit und das Gesamtbild der angestrebten Zukunftsordnung an Übersichtlichkeit gewonnen. Allein den Hauptnachdruck legt eben Zitelmann mit Recht auf den Ausbau des völkerrechtlichen Abhängigkeitsverhältnisses. Er denkt sich dessen Verwirklichung in Form eines zwischen dem Deutschen Reiche und Belgien geschlossenen immerwährenden unkündbaren Bundes zur Sicherung ihrer Gebiete und zur Erhöhung der Wohlfahrt ihrer Völker. Der Bündnisvertrag soll in Art. 1 aussprechen, daß der belgische Staat seine volle Selbständigkeit und Unabhängigkeit auf Grund seiner eigenen Verfassung behält, soweit nicht die folgenden Artikel eingreifen. Die „folgenden Artikel" aber verkehren in Wahrheit die Ausnahme zur Regel. Denn in bezug auf alle spezifischen Betätigungen staatlicher Macht übertragen sie die Ausübung der belgischen Souveränitätsrechte auf das Deutsche Reich oder binden doch ihre Ausübung durch Belgien an die Zustimmung des Reichs und schränken überdies die belgische Staatsgewalt durch die Auferlegung umfassender Pflichten und die Gestattung starker deutscher Eingriffe empfindlich ein.

Auf die wohldurchdachten Einzelheiten kann ich hier nicht voll eingehen. Nur ihre Grundzüge will ich mit einigen Worten charakterisieren. Nach den von der völkerrechtlichen Vertretung handelnden Art. 2—4 behält Belgien zwar völkerrechtliche Persönlichkeit, überträgt aber seine Vertretung gegenüber dritten Staaten in allen die politischen oder militärischen Interessen Deutschlands berührenden Angelegenheiten auf das Deutsche Reich. Soweit es zu selbständigem völkerrechtlichem Handeln befugt bleibt, hat es von seinen Verträgen oder Erklärungen dem Deutschen Kaiser Mitteilung zu machen und erlangen seine Akte erst Wirksamkeit, wenn der Kaiser konstatiert hat, daß ein Fall seines Vertretungsrechtes nicht vorliegt. Belgien darf nur einen einzigen Gesandten, den beim Deutschen Reich, beglaubigen und nur einen einzigen Gesandten, den des Deutschen Reichs, empfangen, auch Konsuln nur im Deutschen Reich ernennen und fremde Konsuln nur im Einvernehmen mit dem Deutschen Kaiser zulassen; die Gesandten und Konsuln des Deutschen Reichs in anderen Staaten sind zugleich die Gesandten und Konsuln Belgiens. Verwickelter sind die für Heer und Flotte in den Art. 5 bis 12 gemachten Vorschläge. Sie nehmen als endgültigen Rechtszustand eine der deutschen Wehrmacht angegliederte eigene belgische Wehrmacht in Aussicht. Das auf Grund der allgemeinen Wehrpflicht gebildete belgische Heer soll im Frieden der Militärhoheit des belgischen Souveräns unterstehen, jedoch mit dem Augenblick einer vom Kaiser angeordneten Mobilmachung unter den Befehl des Kaisers treten, dem im Fahneneide unbedingter Gehorsam für den Kriegsfall anzugeloben ist. Der Kaiser soll das Recht erhalten, im Falle der Bedrohung der Rechte oder der militärischen Interessen des Deutschen Reichs einen jeden Teil Belgiens in Kriegszustand zu erklären. Die Heeresverwaltung soll von Belgien geführt werden, jedoch hinsichtlich der Heeresstärke, der Heeresorganisation, der militärischen Ausbildung und aller äußeren Einrichtungen an Normen gebunden sein, die mit den deutschen Gesetzen und Anordnungen übereinstimmen. Behufs Überwachung der Herstellung dieser Übereinstimmung, sowie der Vollzähligkeit und Kriegstüchtigkeit des belgischen Heeres soll dem Kaiser ein Besichtigungsrecht zustehen. Heeressprache soll die deutsche Sprache sein. Als Kriegsflotte soll auch für Belgien ausschließlich die deutsche Flotte fungieren, so daß der Dienst in ihr Erfüllung der belgischen Wehrpflicht ist und von der seemännischen Bevölkerung verlangt werden kann. Im ganzen würde hiernach Belgien in militärischer Hinsicht dem Deutschen Reiche gegenüber tatsächlich eine ähnliche Stellung einnehmen, wie sie kraft seines Reservatrechts das Königreich Bayern innerhalb des Reiches hat. Allein alle Bestimmungen, die ein eigenes belgisches Heer voraussetzen, sind nur als ein durch längeres Wohlverhalten zu verdienender Zukunftpreis gedacht. Denn sie sollen erst in einem späteren Zeitpunkt in Kraft treten, den der Kaiser mit Zustimmung des Bundesrats festzusetzen hat. Bis dahin sollen (vorbehaltlich etwaiger neuer Vereinbarungen) abweichende Normen gelten, die im wesentlichen die Ausübung der militärischen Hoheitsrechte dem belgischen Staate entziehen und in die Hand des Deutschen Reichs legen. Belgien darf (von einer königlichen Garde und einer Polizeitruppe abgesehen) keine bewaffnete Macht halten; das Deutsche Reich hat in Belgien das Besatzungsrecht, das Befestigungsrecht, das Benutzungsrecht an Häfen, Verkehrswegen und Verkehrseinrichtungen zu militärischen Zwecken; die belgischen Staatsangehörigen dürfen freiwillig in das deutsche Heer oder die deutsche Flotte, dagegen nicht in ausländischen Kriegsdienst eintreten; für jeden wehrpflichtigen Belgier, der nicht auf freiwillige Meldung in die deutsche Wehrmacht eingestellt wird, zahlt Belgien einen bestimmten Geldbetrag; im Falle der Mobilmachung kann der Kaiser wehrpflichtige Belgier auch zwangsweise einziehen. Die Rechte, die nach Art. 13—16 dem Deutschen Reich in bezug auf Eisenbahnen und Kanäle zustehen sollen, würden ihm die Möglichkeit stetiger Einsichtnahme in den Zustand und die Verwaltung der belgischen Eisenbahnen und Wasserstraßen und hinsichtlich der Eisenbahnen auch den Anspruch auf Übereinstimmung der Betriebseinrichtungen mit denen der deutschen Eisenbahnen verschaffen; soweit aber das militärische Interesse es fordert, soll das Deutsche Reich auch berechtigt sein, die Verwaltung und den Betrieb belgischer Eisenbahnen und Wasserstraßen auf Rechnung des Eigentümers selbst zu übernehmen, Eisenbahnen und Wasserstraßen auf belgischem Gebiet anzulegen oder zu verlegen und Neuanlagen zu untersagen. In bezug auf das Zoll- und Handelswesen sehen die Art. 17—19 Eintritt Belgiens in den deutschen Zollverein mit Vorbehalt von Zwischenzöllen, Einführung der deutschen Arbeiterschutz- und Arbeiterversicherungsgesetzgebung in Belgien und im Kriegsfalle Erstreckung der für Deutschland getroffenen wirtschaftlichen Maßnahmen auf

Belgien vor. Durch besondere Bestimmungen über den Rechtsschutz in Art. 20—24 soll die Gleichstellung der belgischen und deutschen Staatsangehörigen im internationalen Privat- und Prozeßrecht, sowie der gegenseitige strafrechtliche Schutz der öffentlichen Einrichtungen und die gegenseitige Rechtshilfe in Strafsachen sichergestellt werden. In Schlußbestimmungen wird durch Art. 25 die Annahme einer fremden Herrscherwürde durch den belgischen König und die Änderung der verfassungsmäßigen Thronfolgeordnung, sowie die etwaige Wahl eines Regenten an die Zustimmung des Deutschen Kaisers gebunden, durch Art. 26 aber die Bildung eines Schiedsgerichtes vorgesehen, das über Rechtsstreitigkeiten zwischen dem Deutschen Reiche und Belgien aus Anlaß ihrer Verträge, sofern kein anderes Gericht zuständig ist, zu entscheiden hat.

Selbstverständlich kann man über die Zweckmäßigkeit der Zitelmannschen Vorschläge im einzelnen streiten. Man mag in diesem oder jenem Punkte eine Verschärfung der Abhängigkeit oder eine Erweiterung der Selbständigkeit des dem Deutschen Reiche angegliederten Gemeinwesens für angezeigt halten. Allein sie bieten — und darin liegt ihr unschätzbarer Wert — einen festen Boden für weitere Diskussion. Denn sie zeigen in ihrer scharfen juristischen Fassung die praktische Ausführbarkeit des Gedankens, auf dem Wege eines völkerrechtlichen Schutzvertrages trotz des Verzichtes auf Annexion Belgien dauernd der englischen und französischen Machtsphäre zu entziehen und der deutschen Machtsphäre dergestalt einzuordnen, daß unser Kriegsziel erreicht wird.

XV.

Die Schrift Zitelmanns kann aber auch als beachtenswertes Vorbild für jeden dienen, der es unternehmen will, konkrete Vorschläge für die rechtliche Ausgestaltung anderer Schutzverbände auszuarbeiten, wie sie zur Sicherung unserer Macht und unserer Interessen im Osten erforderlich werden, soweit auch hier der Eingliederung der Nachbargebiete ihre bloße Angliederung vorgezogen wird [1]). Freilich kann von einer einfachen Übertragung des belgischen Musters auf die ganz anders gelagerten Verhältnisse dieser Gebiete nicht die Rede sein. Aber bei der dargelegten außerordentlichen Dehnbarkeit des Begriffes eines völkerrechtlichen Schutzverhältnisses lassen sich die für Belgien in Aussicht genommenen Friedensbedingungen unter Festhaltung des Grundgedankens dergestalt abwandeln, daß sich ein passendes Rechtsgewand für die erstrebte Angliederung ergibt.

Wird Kurland mit eigener Staatlichkeit bekleidet, so muß der neue Staat nicht nur im Interesse Deutschlands, sondern auch im Interesse des bodenständigen Deutschtums notwendig in eine starke dauernde Abhängigkeit vom Deutschen Reiche versetzt werden. Das Land bedarf einer kraftvollen deutschen Schutzherrschaft zur Sicherung sowohl seines äußeren Bestandes wie seines inneren Zusammenhalts, der anderenfalls stets durch die russische Aufhetzung der lettischen Bevölkerung gegen die deutsche Minderheit bedroht bleiben würde. Wir aber bedürfen umfassender Machtbefugnisse in dem neuen Staatsgebiete, um den von seiner Angliederung erhofften Machtzuwachs wirklich zu gewinnen und fruchtbar zu machen. Hier hätte das Deutsche Reich einseitig sowohl die Staatsform, wie das Maß von Abhängigkeit und Selbständigkeit des Staatslebens festzusetzen. Dabei wäre es durch kein bestehendes Verfassungsrecht gebunden. Wohl aber hätte es sich selbst an die Richtschnur zu binden, die ihm bei gewissenhafter Erwägung die historischen, geographischen, nationalen, kulturellen und wirtschaftlichen Verhältnisse des Landes vorzeichnen. Neben dem Grenzschutz auf dem Festland würde hier, wie in Belgien, die Wahrung maritimer Interessen eine hervorragende Rolle spielen. In mancher Hinsicht würde wohl dem verfassungsmäßigen Eigenleben des neuen Gemeinwesens größere Freiheit zu gewähren, in anderer Hinsicht aber ihm eine engere Schranke zu ziehen sein.

---

[1]) Treffliche wegweisende Bemerkungen darüber, wie in diesen Gebieten je nach ihren besonderen Verhältnissen das Schutzverhältnis einzurichten wäre, finden sich in dem oben erwähnten Buche Brandenburgs über Deutschlands Kriegsziele S. 61ff. und S. 71ff.

Sehr ähnlich, wie dies Zitelmann für Belgien vorschlägt, wäre wohl die völkerrechtliche Vertretungsmacht des Deutschen Reiches und die Einschränkung der eigenen Bewegungsfreiheit des kurländischen Staates zu regeln. Dagegen würde eine wesentlich abweichende Ordnung des Militärwesens angezeigt sein, indem von vornherein ein eigenes kurländisches Heer gebildet werden könnte, dieses aber dem deutschen Heer nach Art eines Bundeskontingentes durchaus angeglichen und fest angeschlossen werden müßte. Besondere Einschränkungen der staatlichen Gebietshoheit Kurlands müßten namentlich um deutschnationaler Zwecke willen festgesetzt werden. Vor allem wäre die obligatorische Bereitstellung von Siedlungsland für Reichsdeutsche und die volle Sicherstellung der Begründung und Erhaltung deutscher bäuerlicher Ansiedlungen auszubedingen.

Sollte ein günstiges Schicksal uns auch Livland und Estland in die Hand geben, so würde für den Fall, daß sie zu eigenen Staaten erhoben würden, im wesentlichen Gleiches wie für Kurland gelten. Nur die Berücksichtigung der besonderen völkischen Eigenart der Esten würde wohl einzelne Abweichungen rätlich machen.

Auch der neue Staat Litauen, dessen Errichtung kaum vermeidlich ist, muß notwendig dem Deutschen Reiche durch einen Schutzverband angegliedert werden, der ähnliche Züge tragen würde. Doch würden die besonderen Verhältnisse dieses Landes erhebliche Abweichungen erforderlich machen. Der Umstand, daß Litauen Binnenland ist, läßt gewisse Beschränkungen als überflüssig erscheinen. Die Schwäche des Deutschtums in Litauen schließt eine so innige Verbindung mit dem Deutschen Reich, wie sie bei den baltischen Provinzen denkbar ist, in mancher Hinsicht aus. Andererseits fordern die Nationalitätsverhältnisse des Landes besondere Maßnahmen. Denn unseren deutschen Interessen drohen hier nicht nur von Rußland her, sondern auch von Polen her ernste Gefahren. Wir müssen uns staatliche Machtbefugnisse vorbehalten, die uns in den Stand setzen, das litauische Volkstum zu stärken, seiner Unterdrückung durch das Polentum, das hierauf historische Ansprüche zu haben glaubt, zu wehren und fernere Polonisierungsbestrebungen niederzuhalten. Daß wir auch die Pflichten einer Schutzmacht gegenüber den in Litauen ansässigen Deutschen zu erfüllen haben, versteht sich von selbst. Wir werden aber auch dem uns angegliederten Staate die Verpflichtung auferlegen müssen, Siedlungsland für neue deutsche Ansiedlungen herzugeben.

In wieder anderer Weise müßte das Verhältnis Österreich-Ungarns zu den etwa seiner Schutzgewalt unterstellten Balkanstaaten geregelt werden. Die Wiederherstellung Serbiens und Montenegros oder auch eines an ihre Stelle tretenden verkleinerten serbischen Staates wäre nur erträglich, wenn die Selbständigkeit dieser Staaten oder dieses Staates sehr stark beschnitten würde. Denn wenn die Donaumonarchie, nachdem sie die auf ihre Auflösung gerichteten Pläne unserer gemeinsamen Feinde siegreich zuschanden gemacht hat, ihren künftigen Bestand gegen die stete Wiederholung der auf ihre Zersetzung gerichteten Bestrebungen sichern will, so darf sie nicht dulden, daß der Herd der großserbischen Agitation, die diesen Weltkrieg entzündet hat, in seiner alten Gefährlichkeit wiedererstehe. Sie ist es sich selbst und ihren Verbündeten schuldig, durch eine wirksame Obergewalt die Mittel zu erwerben und zu gebrauchen, um der südslawischen Begehrlichkeit einen festen Damm entgegenzusetzen und neu erwachende panslawistische Gelüste im Keime zu ersticken. Wird das strenggenommen immer noch zu Recht bestehende Fürstentum Albanien reaktiviert, so ist es schon um der eigenen Lebensfähigkeit dieses Staates willen unvermeidlich, daß es zunächst unter eine Art österreichisch-ungarische Vormundschaft tritt, bis es allmählich zur Mündigerklärung heranreift. Dagegen ist, wenn Rumänien die verwirkte Souveränität zurückerlangt, zwar eine Beschränkung seiner Bewegungsfreiheit unerläßlich, jedoch ein förmliches österreichisch-ungarisches Protektorat schwerlich durchführbar. Vielmehr wird man sich, von einer Übergangszeit abgesehen, mit vertragsmäßigen Bindungen begnügen müssen. Doch will ich auf diese in erster Linie unsere Verbündeten angehenden Fragen hier nicht näher eingehen.

Wohl aber will ich noch einige Worte der Frage widmen, ob und wie das neue Königreich **Polen** in der Ausübung seiner Souveränitätsrechte beschränkt werden kann. Denn diese Frage berührt wichtige Lebensinteressen auch des Deutschen Reiches und des Preußischen Staates.

Eine Schwierigkeit erwächst hier vor allem daraus, daß die Proklamation des künftigen Königreichs ohne gleichzeitige **ausdrückliche** Festsetzung bestimmter Schranken seiner Unabhängigkeit erfolgt ist. Und doch sind solche Schranken schlechthin unentbehrlich, wenn wirklich der neue Staat eine kräftige Stütze des mitteleuropäischen Verbandes und eine sichere Vormauer der abendländischen Kultur werden und wirksam sowohl der Gefahr einer Wiederannäherung Polens an Rußland, wie der Gefahr einer Förderung der auf staatliche Wiedervereinigung mit den polnischen Staatsangehörigen Preußens und Österreichs gerichteten Bestrebungen vorgebeugt werden soll.

Ganz läßt sich der damit begangene Fehler kaum wieder gutmachen. Allein das unbedingt Notwendige kann und muß **nachträglich** erreicht werden. Da die Verfassung des neuen Staates, der bisher nur kraft Stiftungsaktes der Eroberer in embryonalem Zustande existiert, nicht ohne Mitwirkung und Gutheißung der Gründungsmächte zustande kommen kann, sind diese in der Lage, die Aufnahme von Bestimmungen, die ihnen Machtbefugnisse gegenüber dem fertigen Staate verleihen, in dessen inneres Staatsrecht durchzusetzen. Was aber die völkerrechtliche Stellung des neuen Staates betrifft, so bietet die mit der Stiftungserklärung verbundene Ankündigung, daß das Königreich Polen in ein enges **Bundesverhältnis** zum Deutschen Reiche und zu Österreich-Ungarn treten solle, die Handhaben für die erforderliche Einschränkung der polnischen Unabhängigkeit. Denn die beiden Großmächte sind demgemäß befugt, den Abschluß des Bündnisvertrages dem von ihnen errichteten Staate als Daseinsbedingung aufzuerlegen, den Inhalt des Bündnisvertrages aber von sich aus festzusetzen. Nun setzt ein Bündnisvertrag zwar Gegenseitigkeit der Rechte und Pflichten, keineswegs jedoch Gleichstellung der verbündeten Staaten voraus. Wir haben gesehen, daß im Völkerrecht der Begriff des „foedus inaequale" entwickelt ist und daß jetzt auch Zitelmann das ganze Verhältnis zwischen dem Deutschen Reiche und Belgien trotz der auszubedingenden Ungleichheit der beiderseitigen Rechte und Pflichten in die Form eines „Bündnisvertrages" gießen will. In der Tat widerspricht es dem Begriff eines Bündnisvertrages durchaus nicht, daß die verbündeten Staaten durch ihn eine im Sinne eines Schutzverhältnisses organisierte Gemeinschaft errichten. Der Bündnisvertrag mit Polen kann also eine mehr oder minder intensive Schutzgewalt der Gründungsmächte herstellen. Unter allen Umständen muß er unkündbar sein. Im übrigen mag er dem polnischen Staat ein größeres Maß selbständiger Handlungsfreiheit belassen, als es Belgien zugedacht ist. Allein soweit unsere eigenen politischen, wirtschaftlichen und nationalen Interessen es fordern, muß er der freien Ausübung polnischer Hoheitsrechte unübersteigliche Schranken setzen.

Im einzelnen muß er jedenfalls das Recht, Krieg zu führen, Bündnisse einzugehen und Frieden zu schließen, dem souveränen Belieben des polnischen Staates entrücken. Aber auch anderen völkerrechtlichen Erklärungen und Verträgen Polens wird insoweit, als sie den im Bündnisvertrage übernommenen Verpflichtungen oder den vergemeinschafteten Interessen widersprechen, die rechtliche Wirksamkeit versagt werden müssen. Darum werden die Schutzmächte, auch wenn sie auf eine völkerrechtliche Vertretungsmacht verzichten, nicht umhin können, sich das Recht der Kenntnisnahme, ein Einspruchsrecht und in bestimmten Fällen ein Zustimmungsrecht vorzubehalten. In irgendeiner Weise muß dann auch der diplomatische Verkehr des polnischen Staates der Überwachung und Mitwirkung der Schutzmächte unterworfen werden. Hinsichtlich der Wehrverhältnisse muß der Bündnisvertrag und eine sich anschließende Militärkonvention zum mindesten dafür sorgen, daß das polnische Heer auf Grund allgemeiner Wehrpflicht in gehöriger Stärke und Waffentüchtigkeit gebildet und erhalten wird, im Ernstfalle zur wirksamen Verstärkung der Heere der verbündeten Großmächte bereit steht und jedweder von diesen nicht gebilligten Verwendung entzogen ist. Das setzt aber wieder den Vorbehalt umfassender Aufsichts- und Eingriffsrechte gegenüber der polnischen Militärhoheit voraus. Inwieweit im Verkehrswesen und im Zoll- und Handelswesen dauernde Bindungen des polnischen Staates festzulegen sind, hängt einerseits von der Ausgestaltung der militärischen Verhältnisse ab, andererseits aber von wirtschaftspolitischen Erwägungen, die nur im Zusammenhange mit den allgemeinen Bestrebungen nach einem wirtschaftlichen Zusammenschluß Mitteleuropas angestellt werden können. Auch sonst werden sich einzelne Einschränkungen der Handlungsfreiheit Polens als durch die Umstände geboten herausstellen. Schlechterdings notwendig ist jedenfalls die reale Sicherung unserer nationalen Interessen. Es versteht sich von selbst, daß der polnische Staat sich verpflichten muß, den in seinem Gebiet ansässigen Deutschen die freie Entfaltung ihres nationalen Sonderlebens zu gewährleisten, zugleich aber jede Agitation, die auf Lösung der Lockerung des staatlichen Bandes der preußischen oder österreichischen Untertanen polnischer Zunge abzielt, zu hindern und als Hochverrat zu bestrafen. In beiderlei Richtungen dürfen wir uns nicht mit allgemeinen Zusicherungen begnügen. Vielmehr müssen im Bündnisvertrage genau formulierte Einzelbestimmungen, die das Grundprinzip folgerichtig ausbauen, vereinbart und die Hauptbestimmungen in die polnische Verfassungsurkunde aufgenommen werden. Und es muß dafür gesorgt werden, daß die den Schutzmächten zu Gebote stehenden realen Machtmittel auch in dieser Richtung hinreichen, um nötigenfalls die tatsächliche Pflichterfüllung zu erzwingen. Schließlich muß natürlich eine einseitige Abänderung der polnischen Verfassung in allen das Schutzverhältnis berührenden Punkten ausgeschlossen sein.

XVI.

Die Frage nach den staatlichen Schicksalen, der von uns eroberten feindlichen Gebiete steht im Vordergrunde der Erörterungen über unsere Friedensziele. In der Tat ist sie ja auch die wichtigste! Sie ist aber zugleich am meisten reif für eine konkrete Beantwortung. Wir sind im Besitz. Hier gilt für uns das „Beati possidentes". Die für unsere Daseinsbehauptung erforderliche Machterweiterung, die uns der Friedensschluß bringen soll, besteht hier nur in der Überführung vorhandener tatsächlicher Macht in Rechtsmacht. Wieviel von der mit dem Schwerte errungenen Macht wir festhalten und wieviel von ihr wir um des Friedens willen wieder aufgeben wollen, können wir, wenn wir den endgültigen Sieg erringen, nach eigenem Ermessen entscheiden. Anders verhält es sich mit den ferneren schwerwiegenden Fragen, um die sich der Streit über die Friedensziele dreht. Wenn wir von einem siegreichen deutschen Frieden verlangen, daß er uns unsere Kolonien zurückstellt oder vollwertigen Ersatz in einem großen zusammenhängenden Kolonialgebiet verschafft, so handelt es sich um die Wiedergewinnung verlorener Macht. Fordern wir eine ausreichende Kriegsentschädigung, so erheben wir Anspruch auf etwas, was wir noch nicht haben. Ebensowenig können wir uns auf Besitz berufen, wenn wir die Sicherung unseres Seehandels, die Wiederherstellung von Handelsbeziehungen oder die Einräumung besonderer wirtschaftlicher Vorteile durch die Friedensbedingungen anstreben. Hier überall gilt es, den Willen der Feinde zu beugen. Dabei wird uns nun freilich der Besitz der eroberten Länderstrecken den Dienst eines wirksamen Druckmittels leisten. Insofern ist die Beantwortung der anderen Fragen von der Entscheidung des Schicksals der Nachbargebiete und dem Umfange der in dieser Hinsicht für zulässig gehaltenen Zugeständnisse abhängig. Allein welche sonstigen Druckmittel wir anwenden können und welche Einzelforderungen wir demgemäß durchzusetzen Aussicht haben, das wird erst der fernere Verlauf des Krieges, die Größe unseres Endsieges, vor allem die Stärke unseres Erfolges im Seekriege lehren. Darum lassen sich zwar unsere Ziele auch in diesen Fragen schon heute im allgemeinen bezeichnen. Allein für genau formulierte positive Vorschläge fehlen hier noch die tatsächlichen Unterlagen.

Es liegt nicht in der Absicht des hier unternommenen Versuchs einer Klärung bestimmter umstrittener Grundprobleme der Friedenszielsetzung, auf die Einzelprobleme einzugehen, die hinsichtlich des Kolonialbesitzes, der Kriegsentschädigung und des Welthandels der Lösung harren. Nur darauf möchte ich hinweisen, daß auch hier überall wir das, was wir als Erfordernis eines siegreichen deutschen Friedens erkennen, unbeirrt durch doktrinäre Theorien und hohle Schlagworte nach dem Maße unserer Kraft rücksichtslos zu verwirklichen haben. Mit den Realitäten der Weltgeschichte, nicht mit doktrinären Trugbildern müssen wir rechnen. Ein Muster solcher Behandlung einer hier nur gestreiften Zielfrage bietet die jüngst erschienene vortreffliche Schrift von Heinrich Triepel: „Die Freiheit der Meere und der künftige Friedensschluß", Berlin 1917.

Möge die bange Furcht, der das bekannte geflügelte Wort, die Feder verderbe, was das Schwert errungen hat, Ausdruck verleiht, sich dieses Mal in der über die Zukunft unseres Vaterlandes für Jahrhunderte entscheidenden Stunde als bloßes Schreckgespenst erweisen. Zu den Gefahren, die es zu überwinden gilt, damit nicht dennoch das Wort wieder, wie einst nach den Freiheitskriegen, zur Wahrheit werde, gehört nicht in letzter Linie auch das Blendwerk lebensfremder Doktrinen. Durch ihre Bekämpfung hierzu einen bescheidenen Beitrag zu liefern, ist die Absicht der vorliegenden Schrift. Nach den Freiheitskriegen waren es die von der über Europa hereinbrechenden reaktionären Flutwelle getragenen Dogmen, die unheilvollen Einfluß auf das Werk des Wiener Kongresses gewannen. Möge jetzt nicht die demokratische Flutwelle, die sich über die Welt ergießt, mit den von ihr den Völkern aufgedrängten wirklichkeitsfremden Dogmen die Sinne des Deutschen Volkes und der deutschen Staatsmänner verwirren. Auf daß das deutsche Wesen, an dem doch die Welt genesen soll, nicht tiefer, innerlicher, unheilbarer verwundet werde, als einst durch die seinen Aufstieg zur Einheit und zur Freiheit verzögernde Reaktion!

Charlottenburg, den 13. Mai 1917.

Batch number: 10844623

Printed by Printforce, the Netherlands